小白SO EASY!
财会书系

财务管理
就这么轻松

全彩图解版

雷智翔◎著

金城出版社
GOLD WALL PRESS
中国·北京

图书在版编目(CIP)数据

财务管理就这么轻松：全彩图解版 / 雷智翔著.
—北京:金城出版社, 2019. 1
ISBN 978-7-5155-1768-1

Ⅰ. ①财… Ⅱ. ①雷… Ⅲ. ①财务管理-图解
Ⅳ. ①F275-64

中国版本图书馆 CIP 数据核字（2018）第 262098 号

财务管理就这么轻松（全彩图解版）

作　　者	雷智翔
责任编辑	李铁武
开　　本	880 毫米×1230 毫米　1/32
印　　张	7
字　　数	175 千字
版　　次	2019 年 1 月第 1 版
印　　次	2019 年 1 月第 1 次印刷
印　　刷	三河市腾飞印务有限公司
书　　号	ISBN 978-7-5155-1768-1
定　　价	49.80 元

出版发行	金城出版社　北京市朝阳区利泽东二路 3 号　邮编:100102
发 行 部	(010)84254364
编 辑 部	(010)64391966
总 编 室	(010)64228516
网　　址	http://www.jccb.com.cn
电子邮箱	jinchengchuban@163.com
法律顾问	北京市安理律师事务所 18911105819

目录

第3章 如何对企业进行财务分析

第4章 用财务比率分析企业现状

第5章 企业的财务预算

第6章 企业筹资管理

第7章 企业投资管理

第8章 企业财务风险管理

第9章 企业营运资金管理

第10章 企业的财务结构控制

第11章 企业成本费用的管理

如何使用本书

《财务管理就这么轻松（全彩图解版）》是一本专门为非财务背景的管理者量身打造的通俗读物，全书共分为十一章，每章三到五节。为了能让读者由浅入深、简单明了地掌握这些财务管理的基本知识，也为了节省读者的宝贵时间，本书在内容上尽量将专业知识通俗化，从常识的角度来阐述高深的理论。

在阅读页面上，我们采用简单明了的学习界面，加上图解来辅助解释复杂的概念。此外，我们在行文中还加上了小贴士板块，可以帮助加深记忆，并有扩大知识面的 More 板块，使读者阅读这套书成为一种享受。掌握这套书的内容，你就能迅速地进入管理者角色。

大标题

每个篇章都有几个大标题，每个大标题为初学者揭示了一个知识要点。

前言 引文

对将要学习的知识要点给予简明扼要的说明，并说明其重要性及其影响因素。

Tips

一针见血地指出需要注意的事项，提供一些经验诀窍或相关建议。

小故事

每篇都有与大标题相关的一个或几个小故事，增加初学者的学习兴趣。

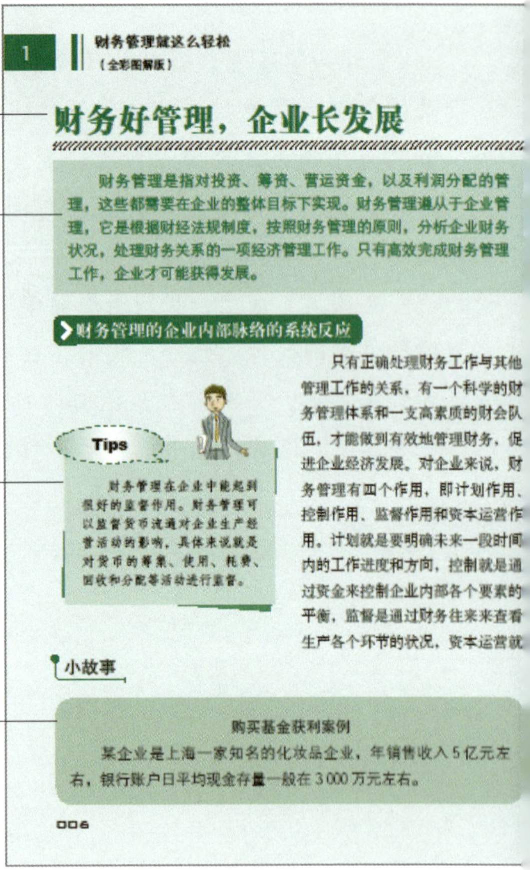

1 财务管理就这么轻松（全彩图解版）

财务好管理，企业长发展

财务管理是指对投资、筹资、营运资金，以及利润分配的管理，这些都需要在企业的整体目标下实现。财务管理遵从于企业管理，它是根据财经法规制度，按照财务管理的原则，分析企业财务状况，处理财务关系的一项经济管理工作。只有高效完成财务管理工作，企业才可能获得发展。

财务管理的企业内部脉络的系统反应

只有正确处理财务工作与其他管理工作的关系，有一个科学的财务管理体系和一支高素质的财会队伍，才能做到有效地管理财务，促进企业经济发展。对企业来说，财务管理有四个作用，即计划作用、控制作用、监督作用和资本运营作用。计划就是要明确未来一段时间内的工作进度和方向，控制就是通过资金来控制企业内部各个要素的平衡，监督是通过财务往来来查看生产各个环节的状况，资本运营就

Tips

财务管理在企业中能起到很好的监督作用。财务管理可以监督货币流通对企业生产经营活动的影响，具体来说就是对货币的筹集、使用、耗费、回收和分配等活动进行监督。

小故事

购买基金获利案例

某企业是上海一家知名的化妆品企业，年销售收入5亿元左右，银行账户日平均现金存量一般在3000万元左右。

006

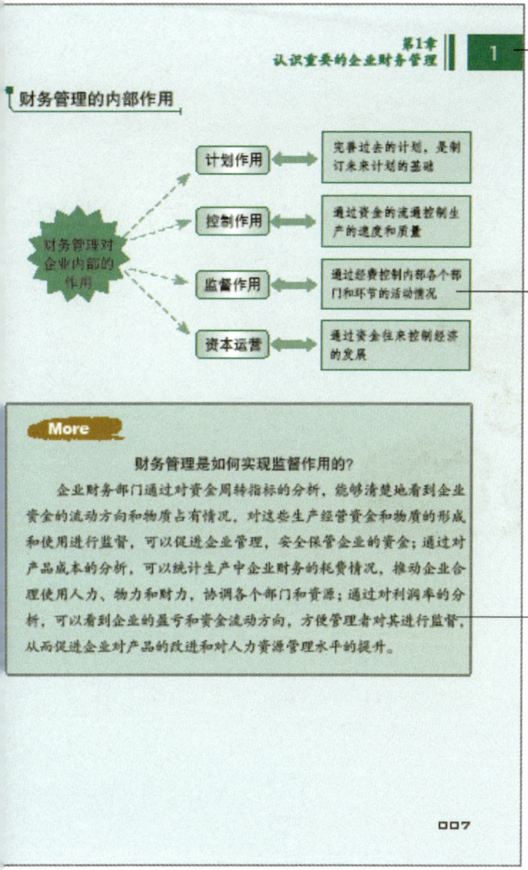
第1章
认识重要的企业财务管理

1

财务管理的内部作用

财务管理对企业内部的作用

计划作用 ⟷ 完善过去的计划，是制订未来计划的基础

控制作用 ⟷ 通过资金的流通控制生产的速度和质量

监督作用 ⟷ 通过经费控制内部各个部门和环节的活动情况

资本运营 ⟷ 通过资金往来控制经济的发展

More

财务管理是如何实现监督作用的?

企业财务部门通过对资金周转指标的分析，能够清楚地看到企业资金的流动方向和物质占有情况，对这些生产经营资金和物质的形成和使用进行监督，可以促进企业管理，安全保管企业的资金；通过对产品成本的分析，可以统计生产中企业财务的耗费情况，推动企业合理使用人力、物力和财力，协调各个部门和资源；通过对利润率的分析，可以看到企业的盈亏和资金流动方向，方便管理者对其进行监督，从而促进企业对产品的改进和对人力资源管理水平的提升。

007

章名

全面讲述了财务管理所涉及的主要内容，每章讲述一个主题。

图解

为了让读者一目了然地理解书中概念，本书运用逻辑拆解法，将概念间的关系做成图表的形式。

More

对前文无法详细说明的重要内容，在此进行详细说明。

第1章

认识重要的企业财务管理

对企业发展来说，创办的时候有多大规模，或者有什么样的行业前景并不是最终的决定因素，真正决定企业能否长足发展的是财务管理机制。优秀的企业财务管理，可以让小企业变大，弱企业变强，甚至在经济环境衰退背景下让企业获利，在行业萧条背景下使企业进步。

本章教你：

▶企业的财务管理是什么？
▶财务管理的目标是什么？
▶良好的财务管理能起到什么作用？
▶怎样做，才能学好财务管理？

企业财务管理的内容非常宽泛：原材料的平均价格比上个月涨了，但是产品供销商要求更多的回扣；新招收了20名员工，其中有5名研究生；国家发布新的法律要求提高工资，但是向另一家公司借的钱需要提前一个月还清……如果不能管理财务，纷繁复杂的事务能让公司变得一团糟。

财务好管理，企业长发展

财务管理是指对投资、筹资、营运资金，以及利润分配的管理，这些都需要在企业的整体目标下实现。财务管理遵从于企业管理，它是根据财经法规制度，按照财务管理的原则，分析企业财务状况，处理财务关系的一项经济管理工作。只有高效完成财务管理工作，企业才可能获得发展。

财务管理的企业内部脉络的系统反应

只有正确处理财务工作与其他管理工作的关系，有一个科学的财务管理体系和一支高素质的财会队伍，才能做到有效地管理财务，促进企业经济发展。对企业来说，财务管理有四个作用，即计划作用、控制作用、监督作用和资本运营作用。计划就是要明确未来一段时间内的工作进度和方向，控制就是通过资金来控制企业内部各个要素的平衡，监督是通过财务往来来查看生产各个环节的状况，资本运营就是通过资金的往来控制资源、产品的进出。

财务管理是对资金、成本、利润等方面的管理，可以从多方面反映价值的形成、实现和分配过程。财务管理不同于其他形式的企业管理，它是一种综合性很强的管理，因此是企业管理的中心。现代财务管理，很难用记账本来完成，必须借助计算机，而财务管理人员多半是以管理者的身份出现在企业中的。

Tips

财务管理在企业中能起到很好的监督作用。财务管理可以监督货币流通对企业生产经营活动的影响，具体来说就是对货币的筹集、使用、耗费、回收和分配等活动进行监督。

财务管理的内部作用

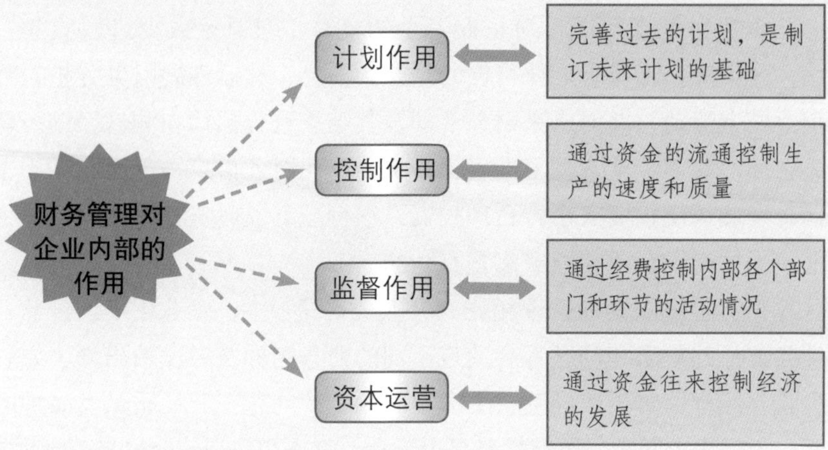

小故事

财务部门和公司效率

一般公司中，有大量财务部门相关的人，财务管理机构是相当庞大的。除了专门的财务总监外，老板身边的秘书、其他部门的会计都属于财务管理者。而且对有些公司来说，财务管理的机构越发达，职能重叠得就越厉害，所以一定要仔细看清楚账务才行，财务管理部门庞大和公司效率高是两回事。

财务管理是企业和外部沟通的桥梁

财务管理能够反映企业的经济活动情况，为企业经济管理提供以财务信息为主的经济信息。企业内部管理需要企业财务管理做支撑，企业和外部沟通也需要企业财务管理做依据。任何企业都不是孤立存在的，它必然有合作企业和单位，以进行物质兑换和信息交流。它需要利用企业财务管理为外部单位和有关国家宏观经济管理部门、企业外部的投资人、债权人等提供参考依据。

企业财务部门通过对企业资金的核算，对原始数据进行收集、传递、分类等，形成有规律可循的经营类信息，然后开展财务分析，判断企业资金流动，并对未来财务活动及其结果进行预计和测试。这一切完成之后，管理者就掌握了准确、真实的企业财务信息，从而有助于企业自身发展，使投资人进行合理投资，银行顺利发放贷款，税务机关依法征税。这对于企业和国家都是有利的。

财务管理跟其他管理相比，灵敏度要高很多，企业生产、经营、管理各方面的效果和问题都会通过不同的财务指标及时反映出来，如总裁决策、经理监督生产经营、生产车间的生产问题、产品质量及品种的问题、市场需求问题，还有耗费是否正常、收入和盈利的取得是否合理等。

财务部门通过对财务指标的观察和研究，能够清晰地做出下一步计划，肯定成绩、揭露问题、寻找原因，还可以提出改进措施，促使企业不断提高经济效益。

财务管理是企业和外部沟通的桥梁

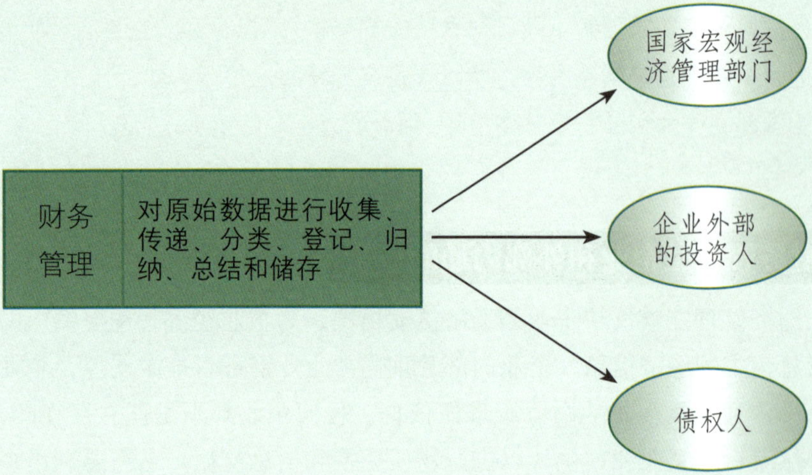

好财务管理是企业未来发展的保障

对企业经营者来说，公司当下的规模是以往工作的成绩，而企业更应看重的是公司未来的发展趋势。对投资者来说，一个公司的规模或者声誉如何，和其利润的获得并没有直接的联系，他们更关注的是公司未来发展的潜力和趋势。而一家公司要想获得长远的发展，必须有良好的财务管理。

控制风险，提高公司营运能力，保证公司能维持现状；加强财务管理，确保股东能获得应有的利润；关注未来的财务状况，保障再生产能够顺利进行和扩大。积极筹集资金，按预算合理安排支出，确保现金流等良好的财务管理措施，能够确保公司在未来的一段时间内获得足够的利润。

Tips

企业的发展潜力和对企业财务管理的重视程度成正相关关系。如果企业经营者完全忽视了财务管理，那么财务就变成了企业发展的阻碍。

More

财务管理是如何实现监督作用的？

企业财务部门通过对资金周转指标的分析，能够清楚地看到企业资金的流动方向和物质占有情况，对这些生产经营资金和物质的形成和使用进行监督，可以促进企业管理，安全保管企业的资金；通过对产品成本的分析，可以统计生产中企业财务的耗费情况，推动企业合理使用人力、物力和财力，协调各个部门和资源；通过对利润率的分析，可以看到企业的盈亏和资金流动方向，方便管理者对其进行监督，从而促进企业对产品的改进和对人力资源管理水平的提升。

财务管理的目标是资源最优分配

企业是一组资源的集合体，企业之间的竞争围绕着资源的争夺与利用展开。企业规模的大小和对资源的利用效率决定着企业的市场地位。企业要想经营下去，就需要利用财务管理制度和方法，从市场上获得更多资源，并最大化地利用这些资源。

快速积累资源

每一个企业拥有人的经营目标都是实现企业的保值和增值，这个目标最终表现为资源价值总量的增加，且财富积累速度越快越好。加快资源积累速度的方法很多，每个企业应该根据自身的不同情况选择不同的方法，以下是比较通用但又比较容易被忽略的几种方法。

企业的成长过程是一个经验积累的过程，企业会随着经验的积累而逐渐走向成熟。企业所拥有的经验，有的记录在案，如技术专利、技术技巧、管理条例等，还有很多留在了管理人员和基层职工身上，如对顾客的理解、生产操作技巧等。这些宝贵的经验资源不能流失，管理者要让隐形的经验显现出来，并促使职工的个人经验变为企业的共同财富。

在企业中，有些资源是一次性的，如原材料；但更多的资源是可以重复使用的，如技术检测仪器、半导体生产设备等。汽车业巨头本田将自己在发动机上的专利技术用于摩托车、船用马达和花圃耕耘机上，就是资源的再利用。

Tips

企业的资源不仅仅是有形的，还包括无形的，比如人脉、声誉等，这些被称为无形资产。

加速资源周转率就是要求回

报快，资金流动快。如果一个企业的资源周转率是竞争对手的2倍，那么尽管二者使用的资源总数相等，这个企业也能享有比对手多1倍的资源优势。

快速积累资源

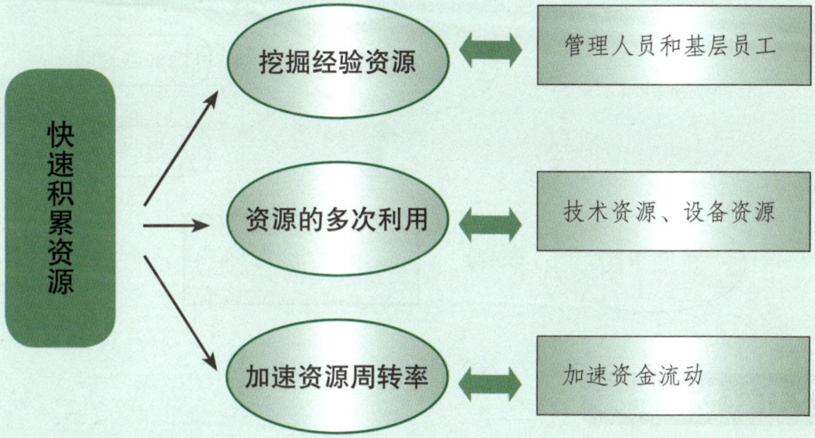

合理分配资源

当一个企业积累了一定的资源之后，必须学会合理分配资源，否则会造成资源利用混乱。资源分配就是把资源按照战略意图分发下去，即将有限的资源投到在实现战略意图过程中能发挥最大效用的领域里。合理分配资源的方案一般应遵循以下两个原则：①公平不是指每个部门分配的资源量都一样多，而是要根据每个部门的需求程度进行供应。这就对管理层提出了较高的要求，尤其是高级管理层一定要稳定，不能频繁地更换高级管

Tips

企业高级管理人员是指公司的总经理、副总经理、财务负责人、上市公司董事会秘书和公司章程规定的其他高层人员。

理人员。②计划的公平性可以防止资源随着时间的推移而分散，有时为了集中资源还要集中计划，以获得最大收益。

整合资源

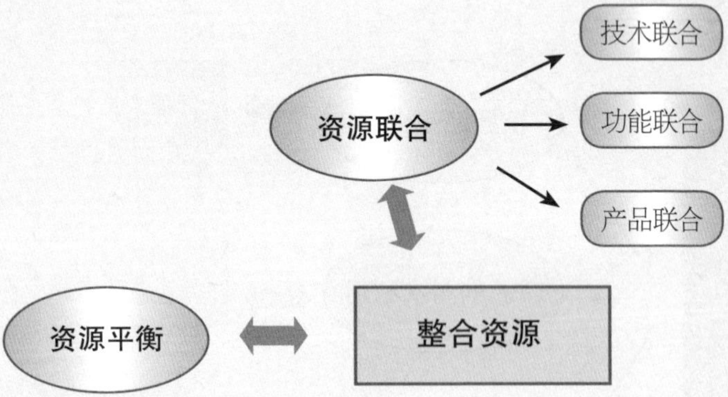

有效整合资源

资源整合的最终目的是达到资源平衡，实现企业的可持续发展，也就是使现有的资源相互配合与协调，以求创造最大的效益。有效的资源整合不仅能帮助企业取得预期的效果，而且可以达到“防伪”的效果。

整合资源的方式主要有两种：资源联合和资源平衡。

资源联合分为技术联合、功能联合和产品联合。技术联合可以使整个技术系统达到最优。功能联合就是提高企业的各个职能部门的默契度。上述两种方法可能产生的结果是企业在市场上具有一定优势，其中任何一种方法出现问题，都可能让企业失去原有的市场。产品联合就是把相关产品联合在一起，推出有市场、能赚钱的新产品。

资源平衡既是整合资源的方法，又是整合资源的目的。企业的资源有很多种，在这些资源中，任何一项资源的出色利用都可能为公司带来竞争优势；同样，任何一项资源的低效利用也可能为企业带来劣势。因此，并不是所有的资源都适合所有的企业，企业资源整合要做的就是努力占有对自己的发展有促进和平衡作用的资源。

资源如果不进行合理分配，就会存在流失风险，资源实体就会逐渐损坏，随着资源的更新换代，资源价值也会降低。一台全新的设备，搁置几年，可能其价值只能由废品收购公司说了算。也就是说，如果不对资源进行及时、有效的整合，资源就会一天天贬值。相反，如果能对资源进行整合，资源很有可能增值。

资源的整合方法

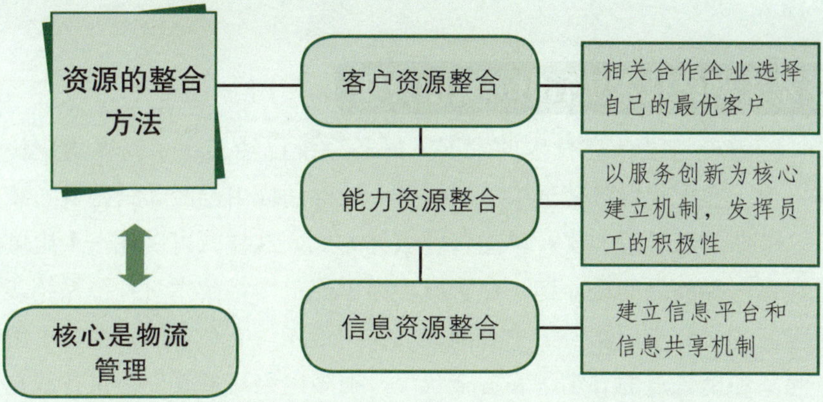

More

人力资源部

人力资源部是一个从美国引进的概念，在我国被称为人事部。

人事部是指从上到下的组织管理，即制度管理，强调的是秩序和控制力度。而人力资源部的目标，则强调人力资源的整合能力，要求管理者对员工的能力、潜力进行评估和培训，并且通过企业内部的人力资源调整，让人力资源得到最优的利用。

加强管理，高效使用企业资金

有的企业流动现金比较多，有的企业业务量和资金总数跟季节有很大的关系，还有一些企业因上市募集到了大量资金……可以说，资金的流动是企业经营的核心，对资金的有效管理和利用是企业财务管理的核心内容。

基于网络技术实行财务集中管理

随着经济及信息技术的发展，财务系统已经实现了高度集成化和网络化。在现代财务管理中，网络财务软件的应用已经非常普及。我们可以借助信息手段，实行单品管理核算方式，这样就可以在一个电脑上看到每一种商品的进、销、存状况。为了通过网络技术对整个系统实行全程监管、分步记账、集中查询，总公司可以设立企业网，及时了解各个商场和销售点的日销售和资金状况。很多网络财务软件提供在线往来查询功能，使管理者可在线监督包括总公司和各商场、店面在内的客户及供货商的资金往来情况。例如，财务部可以在网上审阅各部门的财务报表，做到实时监控。

企业财务集中管理主要包括统一开户、统一购进、统一结算和统一核算。财务集中管理基于合理的财会体制，设立三个中心：结算中心、核算中心、稽核中心，并通过这三个中心的有效配合，良好协调资金运作。企业实现这几个统一后就可以真正实现公司

Tips

在计算机网络出现之前，财务集中管理几乎是不可能的，而财务集中管理是解决公司或集团内资金有效利用的唯一可行办法，有利于资源的合理配置，所以说财务系统网络化是企业现代化的标志之一。

资金的统一调度和安排，使企业的资金利用率保持在一个高水平上。

财务集中管理

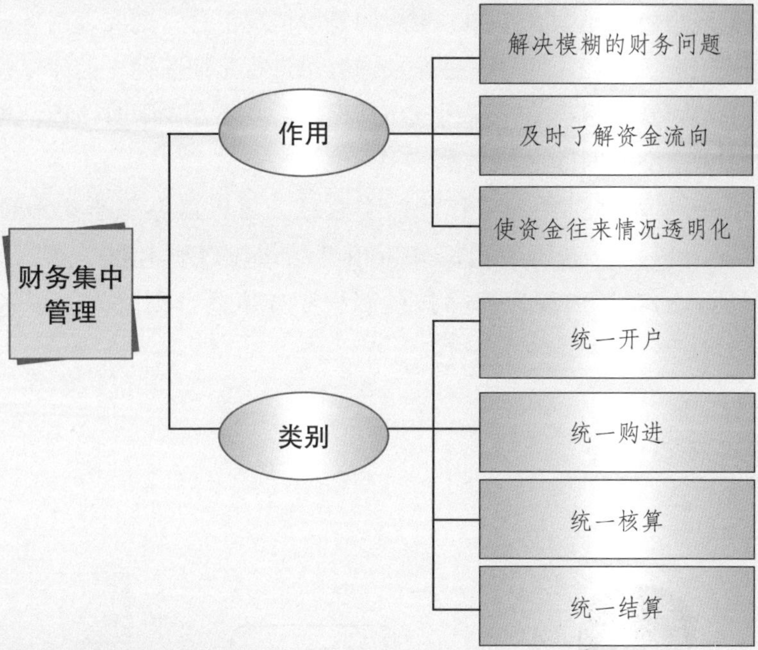

切实加强预算管理

企业财务管理应该实行以销售预算或商品采购和费用预算为起点的预算管理模式，以加强企业预算管理。企业的预算管理包括预算编制、预算执行、预算监控和预算考评。

预算编制的方法分为上下结合、增量预算两种，预算的制定要围绕资金的收入和支出，将进、销、存各个环节纳入预算的范围，在此过程中应减少浮动资金，否则会导致预算编制周期变长，从而削弱总体预算的固定性。

在预算的执行过程中要注意预算的刚性约束，如月度各预算项目发生值和预算控制值差额，这些可以由部门经理掌握。多于这个比例的，如遇到突发事件增大开支或销售计划未完成的，应该层层上报处理。当企业的内外环境发生重大变化时，企业财务管理也要跟着变化，及时调整预算。

对一些影响公司资金和其他重要内容的情况要随时进行监控，财务部门应将每月销售、折扣、资金回笼等情况汇总，列成表格形式，及时呈报给有关部门；对于一些次要内容可进行定期监控，但库存消化情况、商品调拨情况、日常费用支出情况等，则不需要随时监控，可设定为一周或者更长时间监控一次。

预算考评是对预算工作的一个总结，可以以客观事实和预算完成情况为依据，进行奖罚，分析预算结果，以引起进一步的重视。整个预算的考评过程应严格按控制程序办事，否则就失去了考评的意义。

企业预算管理

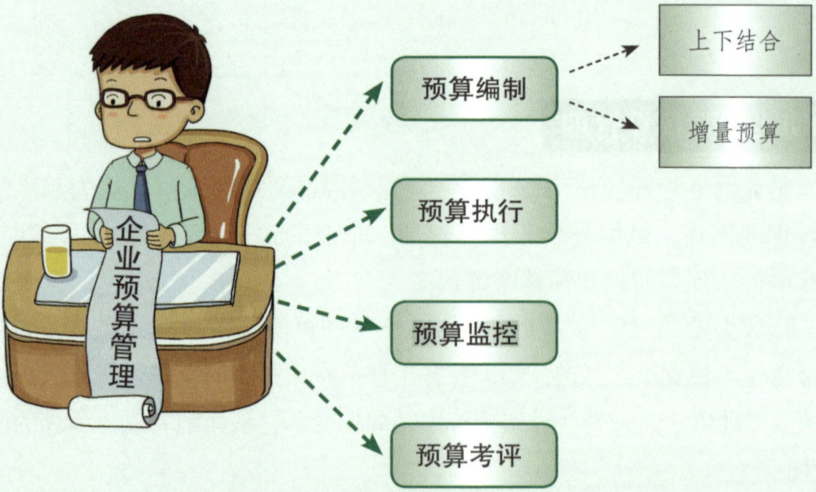

小故事

购买基金获利案例

某企业是上海一家知名的化妆品企业，年销售收入 5 亿元左右，银行账户日平均现金存量一般在 3000 万元左右。

该企业在 2012 年 5 月 3 日时账户里有现金 3300 万元，24 日要付给供应商的货款为 3000 万元，在 3—24 日期间没有其他的大额支出。该企业经过严格的财务预算，预留了 300 万元作为紧急备用金，剩余的 3000 万元在 5 月 3 日买入货币基金，23 日赎回 3000 万元，24 日支付供应商货款 3 000 万元。此货币基金在 5 月 4—22 日期间的平均年化收益率为 4.2%。那么，甲公司在这 20 天的收益为 69041 元；如果放在银行，按活期利率 0.49% 计算，活期利息为 8054 元，两者相差 60987 元。

切实加强预算管理

对于经营的商品来说，与货物一起入库的还有商品的附带风险，所以库存管理的重点应放在保持合理的库存量和确定再订货时间。

Tips

库存多，占用资金多，利息负担重。所以，现在人们追求的不再是库存量多，而是货物周转快。

进货时的经济批量是必须考虑的，但如果机械地考虑量大从优，最终会导致资金的不合理占用与库存结构不合理。因为很多商品是季节性的，商品价格也会有所浮动，制造商库存积压程度会影响产品价格，应该根据市场需求和企业可用资金共同决定进货量。在现有价格趋稳、进货渠道比较畅通的情况下，要合理确定再订货时间，还要考虑日销售量、交货期、保险储备等因素。其中，日销量是重中之重。

随着假日经济的崛起，在交货期处于节假日时不能简单地取平均日销量，而应该把假日消费单独列出来。

对于代销或联营的商品，可采取售后结算、商品可随时退货和调换的制度。在网络技术条件下，通过网购快速补货已成为可能。在实现快速补货的同时，企业可大大减少存货量，从而节约成本，加快资金流动。

供货商也可借助网络技术对其商品的销售做实时监控，当对方货架数量接近再订货点时，立即联系对方，让他们早一点订货。快速补货能否成功取决于诸多因素，首先要求企业具备统一性，其次必须要和供货商保持联系，从而使交货时间、数量、货品质量都能完全符合规定。

值得注意的是，企业财务高效管理可以采用外包形式。比如工资发放可以外包给银行，每月固定工资发放全部由银行定期处理，单位内部只发放变动额部分；存货可以直接交由仓储公司或者物流公司代理，减少存储成本；财务预算等可以通过其他会计师事务所执行。这样可以让公司的财务管理更加简单、高效。

More

信用可以当钱花

企业所能支配的资金中还涉及利用商业信用筹资的问题，其中应付账款的比例最大。应付账款可分为免费信用、有代价信用和展期信用。获取不同信用要付出不同的代价，所以企业要慎重决策。

首先要计算放弃折扣的机会成本，并参考同期银行利率及短期投资收益率，最终决定是否放弃折扣。如果企业因缺乏资金而欲展延付款期，除了考虑放弃折扣的成本外，更要注意企业的自身信誉问题，否则可能会丧失很好的合作伙伴，并且在各个方面丧失自己的信誉。

有效财务管理是企业筹资的前提

企业筹资是指以企业为主体融通资金，使企业的资金供求在短期内恢复到平衡的状态。当资金短缺时，企业都希望以最小的代价获得足够的金额和期限；然而对筹资对象来说，判断企业筹资能否成功的重要依据就是企业的财务管理是否有力，是否能保证筹资对象获利。

企业筹资的现状分析

企业一般是从企业主的自我投入起步，然后通过企业主的持续投入和权益收益来支持企业的发展。作为企业主，不可能源源不断地投入大量资金，而且对处于创业阶段的中小企业来说，经营能力和营利能力有限，即使有盈余，数量也不会太多，只能维持企业的正常经营，扩大企业规模就十分困难了。所以，虽然自筹资金在企业资本结构中占有较大的比重，但其总量远不足以支持企业的发展。

企业筹资的现状可以从股权筹资、债券筹资、风险投资和民间借贷四个方面进行分析。

根据《中华人民共和国公司法》（以下简称《公司法》）的有关规定，股份有限公司申请其股票上市，必须满足以下规定：股票经国务院证券管理部门批准，而且已经向社会公开发行；公司股本总额不少于3 000万元人民币；公司开业时间在三年以上，最近三年连续赢利；持有1 000元以上面值股票的股东不少于1 000人，向社会公开发行的股份达公司股份总数的25%以上；公司股份总额超过人民币四亿元的，其向社会公开发行股份的比例为10%以上；公司在最近三年内无重大违法行为，财务会计报告无虚假记录等。对于实力雄厚的大企业而言，要达到这些标准都不是十分容易，中小企业要实现这些目标显然是难上加难。

《企业债券管理条例》规定的企业债券发行的基本条件有五条：企

业规模要达到国家规定的要求；企业财务会计制度符合国家规定；具有偿债能力；发行企业债券前连续三年赢利；所筹资金用途符合国家产业政策。《公司法》也规定了公司债券发行的基本条件：股份有限公司的净资产额不低于人民币3 000万元，有限责任公司的净资产额不低于人民币6 000万元；最近三年平均可分配利润足以支付公司债券一年的利息等。由此可见，这也是只有大企业才能达到的标准。

Tips

1985年3月，中共中央发布的《关于科学技术体制改革的决定》首次引入了创业投资（也就是现在说的风险投资）。同年9月，国务院正式批准成立了我国第一家全国性的风险投资机构——中国新技术创业投资公司，开始了我国对风险投资的探索，而风险投资至今还不够成熟和完善。

中小企业一直不被正规的金融渠道看好，这也是筹资困难的原因之一，而民间借贷为其发展提供了有效的资金支持。然而，由于缺乏有效的监管和控制，民间借贷的发展非常无序，扰乱了金融秩序；同时，高昂的资金使用成本也在一定程度上加重了中小企业的负担。

企业筹资现状

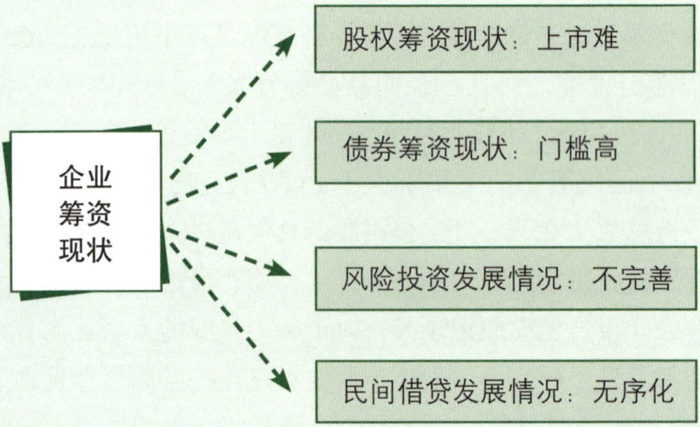

企业筹资难的原因分析

造成企业筹资难的原因分为外因和内因，外因既有来自金融支持体系方面的原因，也有政府政策支持方面的原因。具体表现为以下三点：第一，出于安全性和营利性的考虑，商业银行更倾向于向大企业发放贷款，由于中小企业的不稳定性，他们向中小企业发放贷款的积极性不高；第二，很多企业缺乏有效的风险分散和损失补偿机制，且企业越小风险越高，担保机构也不是很愿意出面为中小企业担保；第三，我国的资本市场还不够完善。然而，造成中小企业筹资难的根本原因在于其自身的财务管理能力的欠缺。

我国关于企业的扶持政策建设刚刚起步，相关的配套法律法规还在建设中，尚未形成完整的扶持企业发展的政策法规体系。而很多企业处于发展的创业阶段，没有很大的资金投入，规模小，资产少；人才方面又比较匮乏，经营管理水平有限；此外，产品服务和市场知名度不高，经营也存在着较大的风险。一方面其自身积累能力有限；另一方面有限的负债能力和抗风险能力也使其缺乏外源筹资的基础；还有就是由于私人信息的存在，资金供给者掌握的信息量不充足。相比具有健全财务制度和规范信息披露制度的大企业，中小企业的信息更缺乏财务透明性，从而使其在资金融通过程中面临着更大的信息不对称问题，而这一点使资金供给者不愿意为中小企业积极提供资金援助。

Tips

企业往往是第一次筹资最为困难，而在第一次筹资后，随着企业自身规模的扩大，知名度提高，关系网络拓展，筹资就会变得容易起来。这也是马太效应的体现——强的愈强，弱的愈弱。

加强财务管理是解决筹资难问题的关键所在

既然企业筹资难的问题是由多方面的原因造成的，那么问题的解决

企业筹资难的原因

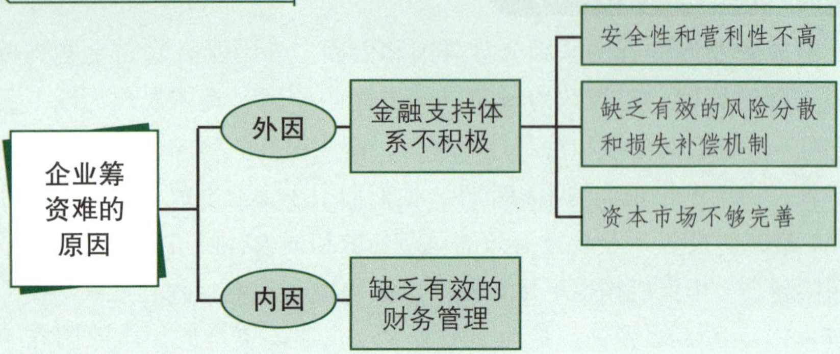

也需要各方面的共同努力。但其中最重要的是中小企业要加强内部财务管理，提高企业管理水平，完善企业财务管理制度。企业员工素质水平和企业财务管理水平的提高，不仅是企业获取外源融资的基础，同时也是企业做强做大的前提。那么，如何加强企业财务管理呢？

传统企业，特别是中小企业要改变重经营、轻管理的思想，不要以为产品卖得好企业就能越来越好，财务管理得不好照样能置企业于死地。树立科学的理财观念，规范资金运作，才能让企业越来越好。通过预算管理，可以使决策目标由定性化向定量化转变，并利用预算考核制度，对预算执行过程实施监控，以确保决策目标的实现。企业的预算管理就是运用科学的方法建立完善的预算制度和预算编制程序，规范预算内容。

Tips

真实完整的会计信息不仅有助于企业开展有效的财务管理，还能对企业的经营活动进行反映和监督，同时透明的会计信息也是企业顺利获取外源融资的有力保障。

有些企业刚起步的时候只做生产成本管理，而不做产品开发、销售等各方面的成本控制，这样显然是不能长久发展的。

企业应有自己完善的会计核算工作制度，实行分工协作、彼此牵制、相互监督的内部约束机制，这样才能减少差错和舞弊现象，为会计信息使用者，特别是资金持有者提供对决策有用的会计信息。

在存货管理方面，第一，要采用科学的订货方法，既不能存货太多，也不能出现“断档”现象；第二，要完善存货的收、发、存制度，通过合理计价减少企业税收负担和仓储费用。

在应收账款管理方面，要及时对赊销客户的信用进行评定和调研，定期核对应收账款数额，严格控制账龄，并在取得确凿证据后，对那些“赖账”的客户进行妥善的会计和司法处理。

对财务人员的招聘要严格把关，还要定期对财务人员进行专业培训，强化财务人员的专业能力、信用观念和职业道德水平。加强财会队伍的建设也是加强财务管理的一个方面。

加强财务管理

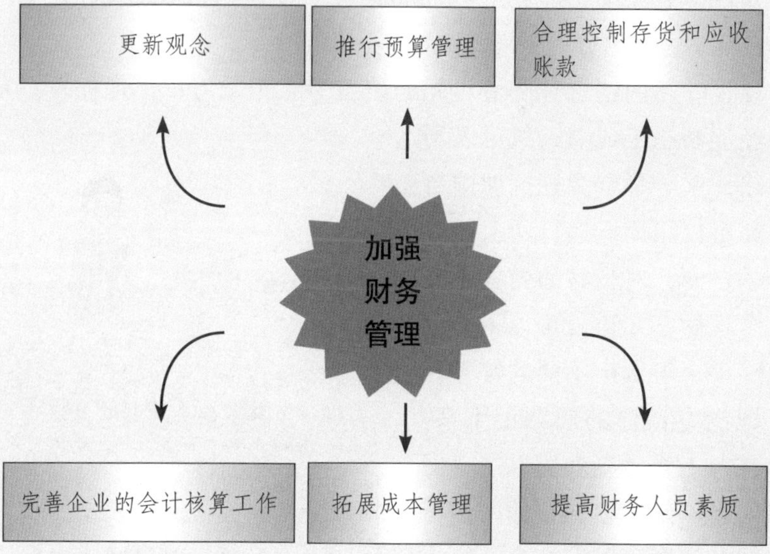

如何学习管理企业财务

一般来看，财务管理师需要非常专业的学问，如果想要成为财务管理专家，必须经过长期的学习和研究。不过，如果只是对财务管理学达到“学以致用”的程度，只要很简单的学习就够了。

端正学习态度

学习管理企业财务首先要明确目的，不能为考试而学财务管理，而应抱以真正想学习财务管理的基本理论和观念精髓，为企业服务的心理来学习财务管理。

其次，强调自觉学习，养成自主学习的好习惯。自觉参与到企业的财务管理中去，自觉独立地完成自己的工作，自觉上网查阅相关学习资料。自觉学习可以分以下三点进行：

现代学习网络已经随着电脑的普及深入千家万户，远程教育系统也已经逐渐趋于成熟，故可以利用网络课前导学资源进行课前自学，利用校园论坛进行网上交流和导学自测。对教材的内容不要求完全理解，知道就可以了。也可以随手用笔做出不同的符号标记，把没有读懂的问题记下来，然后在网上查一查就可以了。但关键问题一定要自己搞懂。预习中遇到的问题可以发布到网络上进行网友之间的互动交流。预习是一个需要着重培养的习惯，先

Tips

学习由预习、听课、实践和复习四个环节组成。缺了任何一个环节都会影响其他环节的顺利进行。所以一定要养成自主学习的习惯，随着时间的推移，学习的被动局面也就会改变，由原来的被动接受变成主动学习了。

预习，就能知道自己哪个地方不理解。如果不预习，听课时就会非常紧张，不能达到好的效果。因此，一定要做课前预习。

预习是需要讲究方法的。刚开始预习时，要先预习难点，等到难点解决并取得经验后，在时间允许的条件下，再逐渐增加内容，直到全面铺开。预习时除了学习实用教材，还可选听网络课程，利用多媒体丰富自己的学习。

时间多，就多学点，钻得深一点；反之，就少学点，钻得浅一点，不要想着一口吃成个胖子。难度大的要作为重点，多花些时间预习，难度小的，就少花些时间预习。切不可在前面的学习还未完成时就忙着预习后面的。这样毫无章法的学习，学得不如忘得快。

端正学习态度

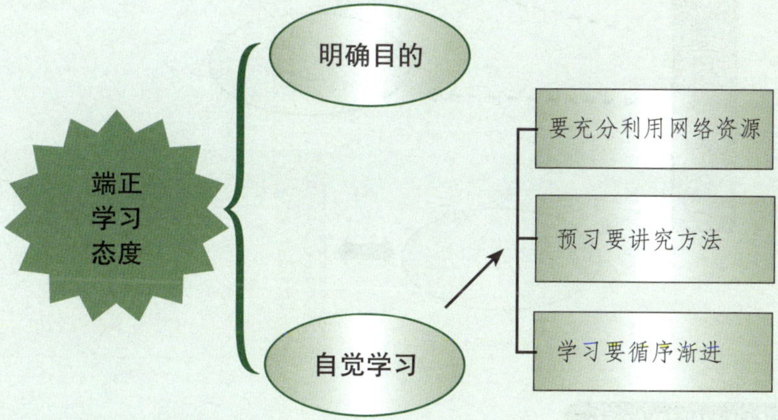

找到好的学习方法

学习方法因人而异，有些学习方法很好，但是不适合你。例如，课前预习课后复习这种方法很好，但是对上班族来说就不太适合了，因为他们平时上班就很忙，有的还有家有口的，哪有时间做到“课前预习课后复习”，能坚持每节面授课都去就已经不错了。但即使只是听课，依然有好的学习方法：

上课时认真听讲、积极思考，有问题或不懂的当场提出、当场解决，不要留到以后。

不能机械地看书，“书读百遍，其义自见”在这儿并不适用。学习企业财务管理的关键是要理解。

按章学习法的基本步骤是：预习→听网络课程→做导学自测题→精读课本→到答疑板提问→参加面授辅导→做形成性作业和课后练习题目→到答疑板提问。当然每个人可以根据自己的学习情况增减步骤。

学习方法推荐

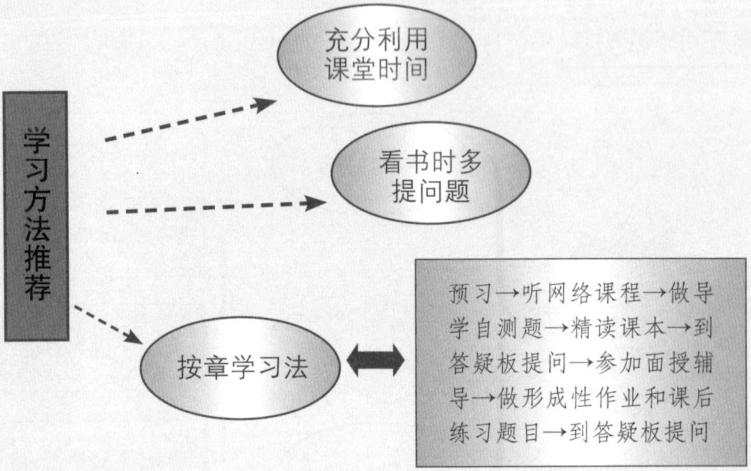

有问题就解决

学习企业财务管理平时一定要多做题，财务管理中涉及的计算比较多，如果做题不够多，往往会形成眼高手低的恶习；做题时先不要看答案，最好是自己先做一遍再参照答案；最好准备一个错题集，把错题都剪下来，装订成册，方便定期复习。做题时难免会遇到这样或那样的问题，这时候要先解决问题再继续下面的学习，否则问题积多了，不懂的就会越来越多，问题解决了，思路也就打开了。解决问题的方法有很多种，最基础的是自己思考，可以问辅导老师，也可以到网上查一查。

从理论联系实践方面说，如果在对企业财务管理的学习中发现了问题，或者实际管理企业财务时出现了自己没有了解过的情况，一定要记录下来，积极寻找解决方案。反之，只会让问题堆积成山。最终会发现自己会的东西越来越少，问题到处都是。

Tips

财务管理和财务报表、管理学是相互依托的，学习财务管理，必须和管理学、会计学的学习同步进行。

学习企业财务管理要准备一个能计算加减乘除、多次乘方和多次开方的计算器，因为一些问题可能会涉及多次乘方或开方的计算。

平时学习和做题时尽量使用一个固定的计算器，因为只有对计算器熟悉了，使用时才会顺手，进而提高运算速度和正确率。

所有的财务方法最终都要落实到实际问题的解决上，所以在学习财务管理方法时，必须从本单位或者其他渠道获得资料，才能确实理解书本上的财务管理理论。而在学习财务理论时，人们可能会发现这些理论都是相互冲突的，因此在解决这些问题时，都必须以实际背景作为依据。

第2章

财务管理的内容

本章教你：

- 什么是财务管理？
- 企业财务管理有什么特殊的地方？
- 对财务管理有什么样的错误认识？
- 财务管理对企业的具体作用有哪些？

原材料价格上涨，老板觉得员工需要加班，否则无法维持利润；行业中出现了一种新技术，懂这种技术的博士生获得了更好的待遇；仓库中某一种存货全部损毁，导致公司的运输队被裁撤；公司的一个竞争企业倒闭，使一部分员工下岗，另一部分加薪……这些看起来毫不相关的内容其实都属于企业的财务管理。

企业财务管理是一个内涵丰富的概念，它涉及企业经营的方方面面，只有对它的内涵有清楚的认识，才能够顺利运用各种企业财务管理的方法，为企业发展提供动力。反之，如果不能正确认识财务管理，采用的财务管理方法反而会增加企业的内耗，造成发展障碍。

企业财务管理的含义

企业财务管理是组织企业财务活动，处理财务关系的一项经济管理工作。

企业财务管理表面上来说，就是对企业的账务、资金往来进行有效的控制，但事实上却非常复杂。它有着自己特定的含义和特点，有的资金往来不属于财务管理，而有一些人事业务，也属于财务管理，这都需要企业经营者明确财务管理的内涵。

企业财务管理应具备的基本特征

财务管理是在整体目标下，对资产的购置、资本的融通和经营中现金流量以及利润分配的管理。财务管理是企业管理的一个组成部分，它是根据财经法规制度，按照财务管理的原则，组织企业财务活动、处理财务关系的一项经济管理工作。简单地说，财务管理是组织企业财务活动，处理财务关系的一项经济管理工作。有明确合理的财务管理目标，才有明确的方向。因此，制定目标是第一步，企业应根据自身的实际情况和市场环境，合理地制定财务管理目标。财务管理做好了，企业管理才有效率，才能从整体上提高企业经济效益。

Tips

我们在本书中讨论的企业财务管理指的是市场经济条件下的财务管理，不涉及收工时代的财务管理或者计划经济下的政府管理财务模式。

企业财务管理的最终目的是创造价值，在制定财务管理目标时，应关注以下特征：全局性、外向性、长期性。

全局性指的是企业经营所面临的环境是复杂多变的，财务管理所面临的环境问题也是复杂多变的。因此，企业财务管理不仅指日常财务管理，还指全面性的管理，既要重视有形资产的管理，又要重视无形资产的管理。企业要进行全面、高质量的财务信息和其他非财务但相关的影响信息的管理和互通。

外向性是指企业经营是在内部和外部风险不确定的情况下进行的。如何平衡企业经营目标和企业内部环境和外部环境之间的关系，是企业经营过程中必须考虑的问题。企业财务管理应将企业的外部和内部环境的影响因素考虑进去，分析企业外部环境的变化可能对企业的经营带来的风险和机会，增强企业应对风险的能力，从而提高企业的市场竞争力。

长期性则要求企业树立长期的管理目标，从企业整体战略的方向出发，制定长远的财务管理目标，充分发挥财务工作的作用，实现企业利益最大化，不断提高企业的应变能力和企业的可持续发展能力。

财务管理应具备的特征

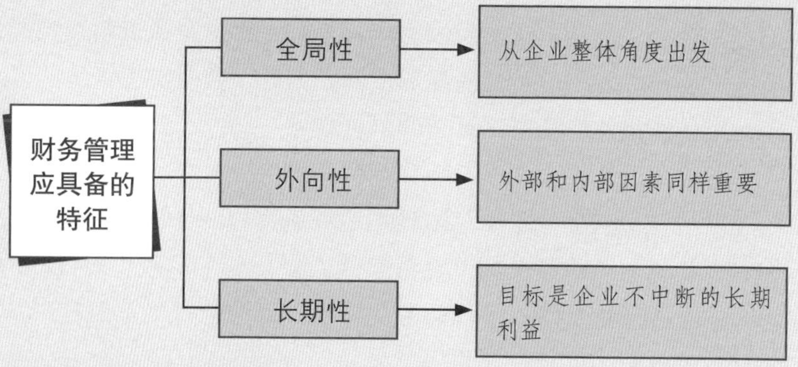

企业财务管理的目标

财务管理的目标是运用最佳方式处理企业经营过程中的财务活动和财务处理选择，使企业的经营效益达到最大化。企业财务管理的目标可以分很多种，比较有代表性的目标有以下几种：企业利润最大化、股东财富最大化、资本配置最优化、企业价值最大化、企业资本的可持续增值性等。

（1）企业利润最大化

利润是企业经营成果的体现。企业的利润越多，表示创造的财富越多，企业的营利能力越强。利润最大化是所有企业老板和投资者投资企业的最终目的。有效的财务管理可以帮助合理运作和管理企业资金，以及在其他方面协调企业的经营战略，从而达到企业利润最大化的目标。

（2）股东财富最大化

股东是企业的所有者，股东的投资目的在于能在未来获取最大的收益，获得更大的财富。财务管理就是通过合理安排企业资产的运用，使经营效率更高，从而为股东带来最大的利益。

（3）资本配置最优化

企业的资本配置是指企业资本在不同来源、不同用途之间的组合运用。如长期债务与短期债务如何搭配最有利于企业营利，且不会影响企业的偿债能力。资本配置与企业财务活动是密不可分的。企业的资本配置是否合理，会影响企业的发展。如果不善于利用企业资本或是利用得不好，企业在短时间内可能会赢利缓慢。因此，企业财务管理的目标应该包含如何使企业的资本配置达到最佳效果。

（4）企业价值最大化

企业价值最大化是指通过合理地运用最优的财务管理政策，结合资金的时间价值、风险与报酬三者考虑对企业资产的影响。把企业价值放在第一位，实现企业财务管理的最优目标。

（5）企业资本的可持续增值性

企业资本的可持续增值是企业投资目标的理性决策依据，通过分析企业的经营状况，判断是否达到了企业财务管理目标，以及评价企业财务管理的水平。

小故事

利润是良好财务管理的最终极目标

《史记》中有这么一句话："天下熙熙，皆为利来；天下攘攘，皆为利往。"商人说到底就是为了利益才成立企业的，所以能在利益的驱使下进行有效合理的财务管理。

财务管理的目标

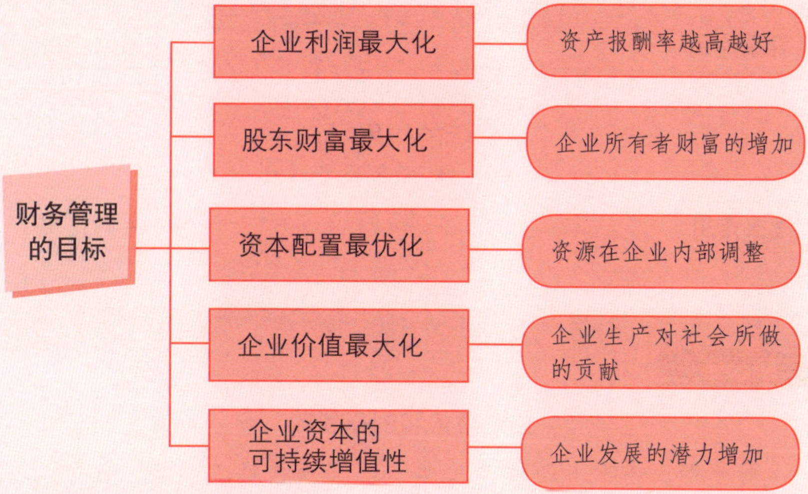

财务管理目标的作用

企业财务管理目标的作用主要有导向作用、激励作用、凝聚作用以及考核作用。

导向作用：财务管理工作可以知道企业各个方面的财务管理活动，因此它具有一定的指引导向的作用。

激励作用：制定目标对企业和员工都具有激励作用，激励员工潜在的能力，调动其做事的积极性。员工的积极性提高了，企业的目标才能实现，并为企业创造最大的价值。

凝聚作用：财务管理是企业系统中的一部分，企业的各个组成部分的协调情况对企业的影响重大。企业的凝聚力如何，决定了企业的经营绩效。一个凝聚力强的企业，往往也是比较优秀的企业。反之，一个凝聚力差的企业，恐怕再好的财务管理也无济于事。

考核作用：制定目标有一定的考核作用，是对企业经营绩效、管理绩效的一个考核标准，可以看出企业发展能力的强弱和目标实现的能力。

财务管理目标的作用

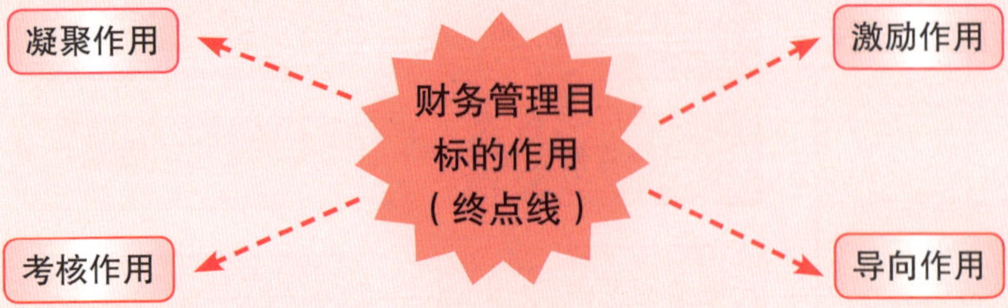

More

企业财务和国家税收

财务部门本身并不能给企业创造直接利益，但企业财务信息是反映给管理层的信息，是管理决策的重要依据，所以，财务部门属于隐性的管理部门。有人说财务部门人数过多是一种人力资源的浪费，实际上财务部门虽然不直接生产资源，但是能有效地配置资源，让资源得到更合理的利用。也就是说，生产中的每一个环节都需要财务部门埋单——反映到国家上，就是每一个经济环节都需要缴税。

财务管理的内容介绍

财务管理包括企业财务部门组织财务活动和处理财务活动中所发生的财务关系，是企业管理的一个重要组成部分。财务关系分为外部财务关系和内部财务关系两大部分，其中外部财务关系是指筹资活动、经营活动和投资活动带来的企业外部关系，内部财务关系指企业内部各单位，企业与职工之间的财务关系。

外部财务关系

外部关系包括企业和税务机关、投资者和受资者、债权人和债务人的关系这三种。

企业与税务机关之间的财务关系就是纳税与征税的关系，国家以社会管理者的身份通过收缴各种税款的方式与企业发生财务关系。国家的财政收入主要依赖于税收，企业作为国家经济大环境中的一份子，必须按照国家颁布的税法和各项规定按时按量地缴纳税款。依法纳税才能保证企业的顺利发展。

投资者和受资者之间的财务关系是投资与受资的关系。企业投资时，就是把自己的资金投放到其他企业，然后按照合同、章程的规定，参与受资单位的利润分配或经营管理。企业受资时，其他资本体为企业注入资金，企业利用这些资金进行生产经营活动，并允许投资者参与本单位的利润分配或经营管理。因此，企业应根据有关法律法规的要求，合理对待投资者和被投资者，维护好自身和合作伙伴的合法权益。

债权人和债务人之间有债权与债务关系。形成这种关系的原因是企业与其他单位之间相互购销商品、提供劳务等形成的资金结算往来；企业向银行和非银行金融机构借贷、还款，企业向其他单位和个人借贷、放款，以及企业利用债券筹集资本所形成的资金借贷关系等。企业在处理这些财务关系时，要诚实守信，遵守结算纪律，及时收付货款，不要产生冲突，影响双方的利益。

筹资活动

筹资活动，是指企业为了满足运营或者扩张需求，筹措和集中所需资本。

企业筹资可采用权益筹资和负债筹资两种形式：权益筹资就是吸收直接投资、发行股票、内部留存收益等。负债筹资指的是贷款、发行债券、应付款项等。企业筹资时，应研究筹资环境，根据筹资环境进行合理筹资。筹资活动的主要内容包括：

（1）想要确定资本需要量，首先要明确筹资的原则，以需定量。如果筹资不足，会使企业的各项活动陷入困境，而筹资过剩又会影响资本的使用效益，甚至会加重企业的财务负担。控制资本的投放时间，要参考企业的产出量和销售额，合理安排不同时期的资本投入量和投放时间，做到合理筹资。

（2）筹资渠道就是企业的筹资资本来源。不同的资本来源，其所筹资本总量的大小、资本占用时间的长短、资本成本的大小、附加限制条件的宽严等都是不同的。企业应根据其特定的经营目标和管理要求，将不同的筹资方法与不同的筹资渠道进行最有效的组合，确保筹资的最佳效益。筹资方式是指企业筹资过程中所采用的各种筹资手段和方式。

Tips

负债经营需要符合两个基本条件：一是企业的投资报酬率大于其资本成本率，二是负债的数量应与企业的资本结构和偿债能力相适应。

（3）筹资的同时，还要分析筹资对企业控制权的影响，以保持企业生产经营的独立性。

（4）在充分考虑企业现状和市场现状的条件下，适度负债经营，以达到最佳的资本结构。由于不同的筹资方式会产生不同的资本成本，其对应的财务风险也不相同，所以企业不能一味地负债经营，应该合理组合各种筹资方式，以达到最佳运营状态。

投资活动和资本运营活动

投资活动是指企业长期资产的购建和不包括在现金等价物内的投资及其处置活动，也就是企业预先投入一定数额的资本，然后获得一定的经济效益。企业筹集到资本后，必须将资本有目的地进行投资，否则会造成资本浪费。企业投资时，首先要研究投资环境，讲求投资的综合效益。

营运资本管理是企业财务管理中的日常内容。企业在日常生产经营过程中一直伴随着资本的投入和收回，如采购原料、出售产品，投入货款、工资及其他营业费用。产品或商品售出后，可收回部分款项，收回资本；如果企业出现财务危机，企业还要采取短期借款的方式来筹集所需资本。这些因生产经营而引起的财务活动就构成了企业的资本营运活动。

分配分为对投资收入（如销售收入）和利润进行分割和分派。企业通过生产经营和对外投资等活动都会获取利润，这些资金应该通过财务部门合理分配。分配活动往往是企业资本活动的终点，当然也是下一次资本活动的起点，承上启下，起着联结作用。

内部财务关系

企业内部的财务关系更加重要，主要是内部各个单位的关系和单位与职工的关系。

企业内部各单位之间存在着内部资金结算关系，具体表现为：财务部门与企业其他各部门、各单位之间的收支结算关系，反映企业的资金流向；企业内部各单

Tips

对一个企业来说，企业内部的财务关系越简单清楚越好，而外部财务关系越复杂意味着其经济规模越大。对企业来说，内部财务关系和外部财务关系的复杂程度是相配合的。

位之间因提供产品或劳务而发生的计价结算关系，反映企业内部资本分散管理的原则。

用人单位与职工之间存在着劳资分配关系，也就是企业需要向职工支付劳动报酬。企业财务部门应与人事部门一起，按照规定按时足额发放员工工资，正确执行有关工资分配政策，履行劳务合同的各项条款，通过劳资分配调动职工的积极性。

财务活动

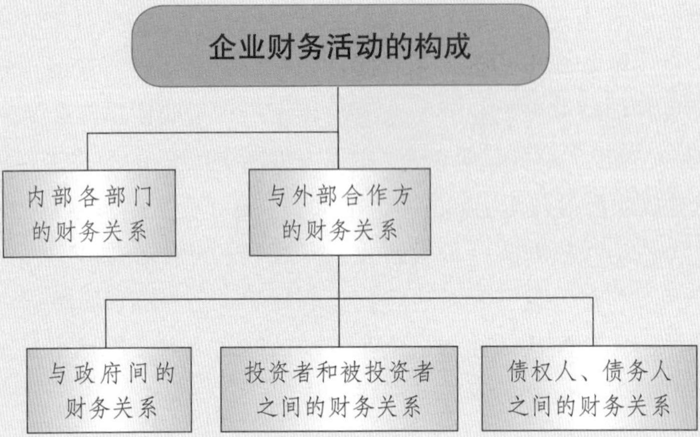

企业财务管理的关键点

企业财务管理的三大关键：首先是要筹集、分配和使用资金，其次是监督企业生产经营活动中资金的流向，最后是调控风险与报酬的比率。而企业在财务管理实施上，需要依据内容掌握三大关键点，即财务预算、资金管理和成本控制。

实施全面预算管理

只有实施全面预算管理，才能保证企业生产经营有序进行。

预算管理一般由总经理直接领导进行，在对市场进行科学预测的基础上，参考目标利润，制订全面的销售预算、采购预算、费用预算、成本预算、现金收入预算和损益表预算，使企业生产经营有章可循，有理可依。

根据实际情况，先制订的是年度预算，然后分解为月度预算，进行月度经营活动分析，找出问题和生产经营中的薄弱环节，然后采取相应

企业预算管理

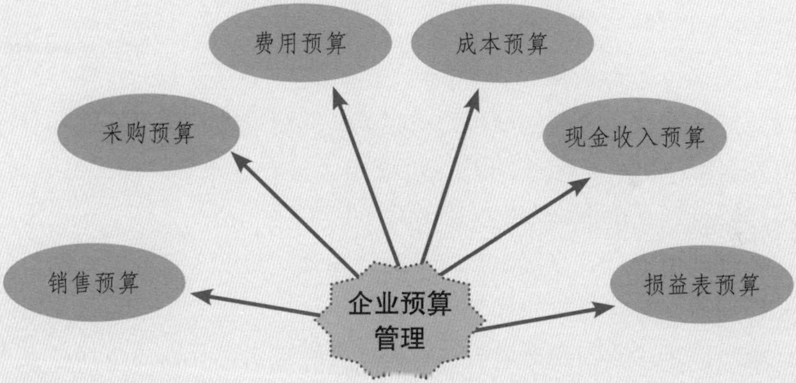

的对策。每月结束后，根据该月各项预算指标的完成情况对各个部门进行绩效考核，再对下月及年底的生产经营进行滚动预算，随时把握企业全年利润目标的动态。

到了年末，企业应对全年预算执行情况进行全面评估，找出影响预算完成的各个因素，发现不足，积极改正，提高企业经营管理水平。

强化企业资金管理

资金对企业从事生产经营的重要性就像是人的血液对人体的重要性一样，所以资金管理是企业财务管理的核心内容。资金管理主要包括筹集资金和利用资金两方面，关键是要做到合理筹集和利用资金。

（1）合理筹集资金

合理筹集资金的原则有两点：一是合理确定资金需求量，二是合理确定资金的结构。

合理的资金数量是指按计划规模计算的筹建费用和经营活动所需的资金数量与能筹到的资金数量之间保持平衡或基本平衡。如果打破了这种平衡，应积极增加筹资渠道进行解决，必要时也可以调整计划。同时，对筹集来的资金要视不同阶段和时期对资金需求的多少进行合理分配。资金周转速度越快，资金的使用率就越高，所获得的利润自然就越多，如果不筹划和分配好，就会出现资金闲置现象，这样将导致相反的结果。

Tips

合理筹集资金就是要确保资金占用和资金成本最低。生产经营所需资金由财务部门制订计划，充分考虑银行贷款利率的变动趋势，合理组合债权资金与结算资金。

（2）合理利用资金

合理利用资金就是筹集到资金后，加强资金使用过程的控制。企业资金管理最好是实行集权式管理，这样不仅可以避免出现资金使用散乱的现象，还可以利用闲散资金进行研究开发、对外投资等工作，谋求资金的短期效益。

一方面，可以在生产企业与流通企业贷款结算之间进行资金调拨，另一方面，通过现金流报表，随时监控现金流动方向，以节约使用资金。同时，加强对应收账款的管理和对贷款回笼的考核，尽量少占用资金，提高企业资金使用效益。

小故事

小本经营的财务管理

李女士第一次创业开了一家餐饮店。随着装修工期的延长，原定的装修费用根本不够用，开业后，又发现少算了流动备用金。结果，开业之初，就没有多少资金可以调度了，相当被动。于是，李女士只好求助朋友。朋友过来点拨她，说装修一定要订好合同，定好开支，若无必要，不要追加装修项目；备用周转金是不能缺少的，万一出现手头短缺，可以在供货商那里商量一个更宽裕的赊账期限，以渡过开张期的资金周转关。于是，李女士赶快联系了供货商，双方商量了一个更宽裕的赊账期限，最终化险为夷，顺利经营。

加强成本控制管理

企业财务管理的最终目的就是追求利润最大化，而利润最大化的关键在于产品成本的控制，而产品的材料消耗又是成本控制的重中之重，所以企业应该特别重视产品成本的管理。

成本控制管理首先要求企业能合理制定材料消耗定额，按历史资料，结合生产工艺，确定产品的消耗，从投料开始控制成本，降低物质耗损。然后合理制定科学有效的经济责任制，将企业员工的利益与产品产量、消耗定额以及费用使用挂钩，把生产经营责任制落实到人。每月进行经济绩效考核结算，可以让员工更加积极，从而提高企业生产产值和产品质量。

通过财务管理，企业还可以加强产品的时间成本控制。比如通过奖金体系的设立，让员工在更短的时间内完成产品的开发和研究。特别是在信息社会，时间成本越低，产品的边际价值就越高。财务管理还可以提高产品的成功率，尽量减少产品中的废品和残次品，从而使平均成本变少。

企业财务管理的进行

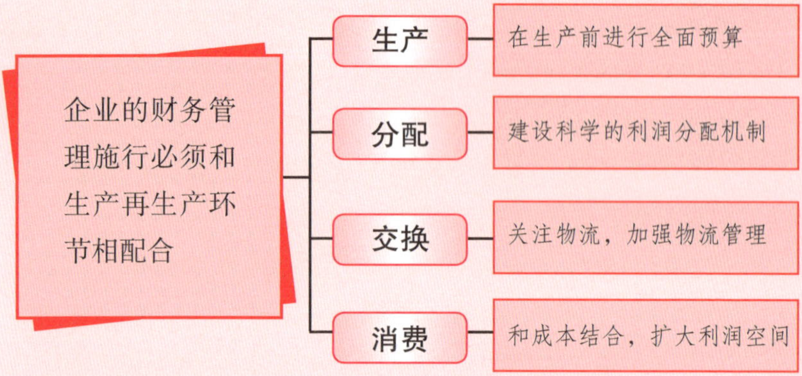

More

企业财务管理混乱的恶果

社会调查显示，95% 以上的创业者都是以失败告终的，有的甚至倾家荡产，更有甚者搞得家破人亡。这些血和泪的案例很少在媒体上报道，但依然值得我们反思，创业路上无坦途，经常反思可以减少犯错。有些企业先天不足，资金缺乏，筹资较难，更应重视和加强财务管理。

财务管理与企业管理的关系

从字面上来看，财务管理是企业管理的一部分，但是事实上这两者之间存在着偏差，虽然企业财务管理的内容并没有超出企业管理的范畴，但是财务管理和企业管理的特点不同，在本质、实现手段和方法上也不同。

财务管理与企业管理的异同

企业管理包括对企业的生产经营活动进行组织、计划、指挥、监督和调节等职能。在一个完整的企业系统中，管理者需要组织生产，然后通过计划和执行来管理下一阶段的生产经营，在生产经营过程中指挥员工工作，监督企业内部所有要素的变化情况，并且根据外部情况和已经存在的企业数据进行调节，最终目的就是所有的生产要素都能发挥自己的最大作用。

Tips

财务部门不同于其他部门，它本身并不能创造什么价值。但由于企业财务管理是直接向管理层提供第一手的信息，所以很多企业的财务管理部门实际上是一个隐性的管理部门。

企业存在的目的就是利润最大化，企业财务管理就是为这个目的而存在的。它贯穿企业生产经营的筹资、投资、运营等各个环节，直接影响企业的利润。因此，企业管理必须要从注重生产管理转向注重财务管理，加强和提升财务管理的能力和水平。

财务管理和企业管理的目的不同，财务管理是为了利润的扩大，而企业管理除了经济效益外，还要考虑社会效益等因素。

财务管理在企业管理中的核心地位

企业的管理目标可以分为追求企业自身利益最大化的经济目标和企业应尽社会责任的非经济目标两类。财务目标属于企业目标中的经济目标。财务目标的实现需要资金在流动中增值，财务活动就是一种管理资金流动的活动。

市场经济是平等竞争的经济，企业之间是平等而独立的，企业领导人具有自主地做出经济决策的权力，并且要独立地承担决策所带来的风险。在市场经济条件下，我国形成了统一开放的市场体系，由市场形成价格，保证各种商品和生产要素的自由流动，市场对资源配置发挥基础性作用，其结果是经济资源在全社会范围内得到最佳的配置。在市场经济条件下，一切产品都是为了交换，而产品间的交换一定是以资本为中介的。企业财务管理从控制资本入手对企业进行全面管理，如果企业不是以财务为中心，而以产量、规模为中心，肯定会造成资源配置扭曲，很难在市场经济中立足。

Tips

由于企业的筹资、生产、经营、投资等活动都是企业内部的资金活动，所以企业的管理实质就是“人、财、物”的管理。

小故事

义和利

企业管理的目标是利润和社会效益，可以分别看成是“利”和“义”。从古代开始，中国哲人就在思考如何从义和利之间寻找平衡。相传孔子的弟子子路从别的国家赎回本国奴隶却放弃向国家申领奖金，孔子责骂他说：“你这是让义失去了利的根据，以后就没有人愿意赎买奴隶啊！”

有的企业领导者不了解市场的规律，也不进行深入的市场调研，不做好财务预算和财务分析，盲目做项目，盲目扩张，不但使企业背上了沉重的负担，资金滞压，还使稀缺资金流向效率不高的场所，这对社会资源来说也是极大的浪费。

财务管理在企业管理中的核心地位

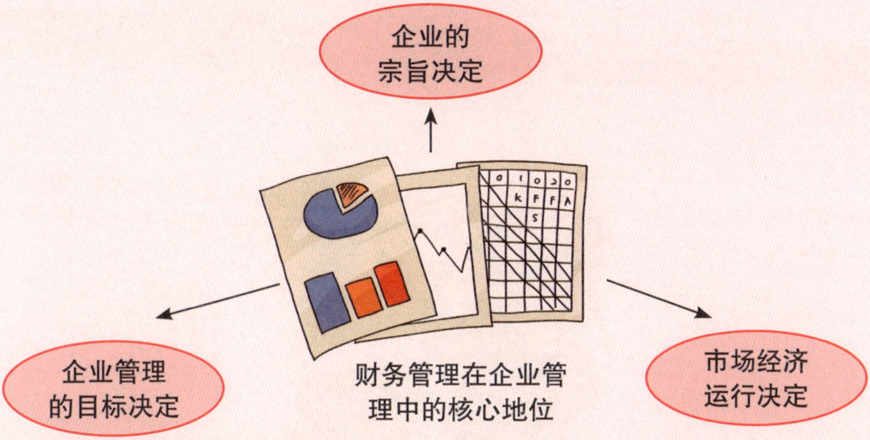

More

现代企业制度

现代企业制度是指以市场经济为基础，以企业法人制度为主体，以有限责任制度为核心，以公司企业为主要形式，以产权清晰、政企分开、权责明确、管理科学为条件的新型企业制度。现代企业制度的目的是适应社会化大生产和社会主义市场经济体制的要求，自主经营、自负盈亏、自我约束和发展，形成法人实体和市场竞争主体的企业制度。财务管理是现代企业制度的核心内容之一。

第3章

如何对企业进行财务分析

企业的财务管理是一个复杂的工程，而这项工程的开始就是企业的财务状况分析。

如何分析企业财务？如何用数字来分析企业财务？如何在数字分析财务的基础上进行管理？这些问题是很多企业的经营者和管理者回答不出来的，就算一些成功人士也同样并不清楚自己为什么在整体财务状况上获得了优势。

本章教你：

- 为什么要进行财务分析？
- 从哪些方面进行分析？
- 财务分析怎样落到实处？
- 不进行财务分析会出现哪些弊病？

企业财务分析的目的

管理者对企业进行财务分析，就是通过分析资产负债表和利润表等财务报告对其财务状况、经营成果和现金流量进行监控，使决策者从财务分析中获得对其经济决策有用的信息。

掌握企业生产经营的规律性

企业的生产经营活动有一定的规律性。隔行如隔山，不同行业由于生产销售的不同特点，资金的流动渠道和流动周期都有所不同。比如商业企业，日常现金收支量大，资金流动很快，而设备制造企业每笔业务资金需求量大，资金流动很慢，所以需要更多的资金支持。财务分析就是通过对有关数据进行分析，发现其规律性，让决策者做到心中有数。

其实，即使在同一行业，也可能由于产品品种、地域、经营规模和管理水平的不同，而对资金的需求和运用有不同的特点和规律。财务分析的主要目的就是掌握和认识企业生产经营中资金运动的变化规律，为企业的财务管理和生产经营服务。

而作为投资者，投资之前应该重点分析检查企业的盈利能力、营运能力和资金使用的效益，了解投资报酬和投资风险。主管部门对国家有关经济管理部门、投资者、债权人以及企业内部管理的考虑和要求肯定有所不同，所以财务分析的内容十分广泛，既要有助于投资者总结、评价主管部门，又要为决策者进行经济预测和决策提供可靠的依据。

把握企业生产经营的规律性，可以通过以下三种渠道进行。

（1）深入企业了解其经营状况

在同行业里所占的销售比重和平均利润率，可以通过对本行业的网络调查，了解企业的产品销售情况。产品销售方式及销售价格都会在网络上有所显示。同时还要深入企业内部，进行现场了解，以避免企业各部门存在虚假财务资料及账外销售等情况。有的企业甚至存在“两本账”的情况。

（2）通过人力资源部门了解企业的用人情况

职工包括固定职工和临时工，掌握企业工资发放和职工人数变化的情况，同时还要掌握人力资源的规律。

（3）调查企业基本建设情况

调查企业基本建设情况包括了解企业是否正确划分外购在建用料和生产用料，是否正确分摊企业借贷外部资金时所产生的利息，了解企业财务是否发生增减变动而财务资料却没有相关记载的现象，确认建设资金的落实情况等。

掌握企业生产经营规律的渠道

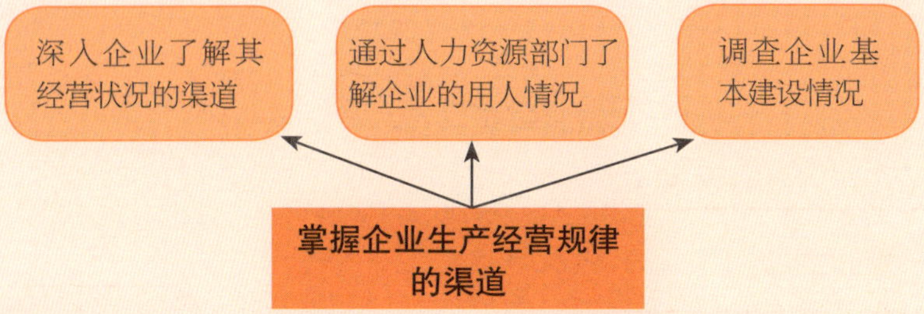

了解企业的经营管理现状和存在的问题

通过了解企业生产经营的规律，可以知晓经营管理的现状，发现经营管理中存在的问题，找出差距，为企业的经营决策提供服务。例如，资产负债率为80%，说明真正属于企业的资金只有20%，其他都是金融机构的。企业现金支付能力为负，简单地说就是企业已经没钱了，必须进行短期筹资活动。

通过财务分析，可以了解企业管理的“健康”状况，解决企业管理存在的问题，为企业的决策和日常管理提供依据。

通过对企业产出规模、组织结构、劳动效率、品牌、产品质量、信誉、新产品开发以及管理和营销技术等方面的优劣性调查，来分析企业的优势和弱点。企业的竞争力是这些条件构成的整体，它们是企业的立业之本。

弄清企业的优势和弱点就是要做到知己知彼，为企业在市场上开展竞争和制定发展战略服务。企业的优势和弱点说到底就是要参考企业的偿债能力、收益能力、发展潜力等各项指标数值。

两个服装企业，一个是知名大企业，一个是乡镇小服装加工厂，即使它们的年营业额和年末存货都是 1 亿元和 2000 万元，但你不能以此来判断两个企业的财务状况、经营成果和企业所具有的优势和弱点是相同的，因为它们没有可比性。

只有有可比性的企业，才能通过分析有关指标，认清企业的优势和弱点，从而制订经营管理策略和发展战略。同时，分析这些指标，还可以弄清竞争对手的优势和弱点，使企业立于不败之地。

财务分析的内容和对象

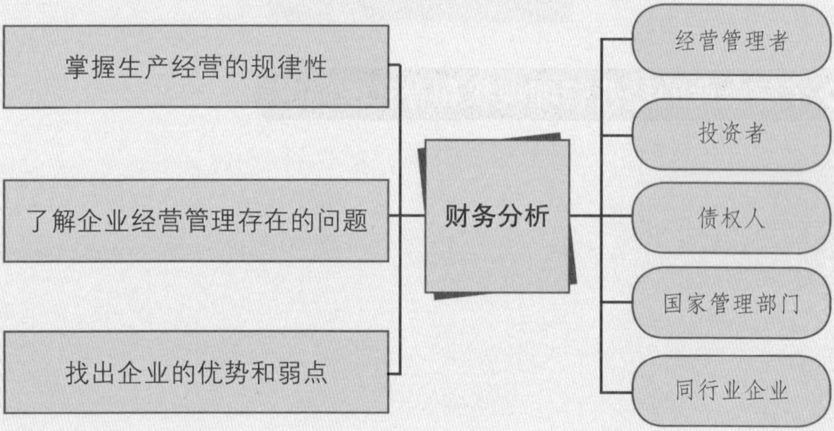

More

不同的企业财务分析服务于不同身份的人

（1）正规而简单的企业财务分析作为重要的评价依据，用于提交考核。

（2）全面而有规律性的企业财务分析作为重要的参考资料，为决策做参考。

（3）主要分析财务风险的企业财务分析，用于满足权力者的需要。

（4）主要分析财务问题的企业财务分析作为诊断问题的材料之一，提供给企业高层。

企业财务分析的方法

财务分析是了解一个企业经营和财务状况的主要方法，财务分析能够从晦涩的会计程序中将会计数据背后的经济含义挖掘出来，作为决策者决策的依据。

比较分析法

比较分析法是将同一企业不同时期的财务状况或不同企业之间的财务状况进行比较，从而揭示企业财务状况中存在的差异的分析方法，比较分析法可分为纵向比较分析法和横向比较分析法。比较分析法的比较可以是静态的，也可以是动态的。实际与计划相比，这是静态的，而本期与上期相比、报告期与基期相比等，都是动态的。还可以跨企业比较。

Tips

四种财务分析方法中，比较分析法是应用最广的方法。

趋势分析法

趋势分析法是通过对比两期或连续数期财务报告中的相同指标，确定指标的增减变动方向、数额和幅度，以此来说明企业财务状况和经营成果的变动趋势的一种方法，也叫水平分析法。采用这种方法，可以分析引起变化的主要原因、变动的性质，并预测企业的未来发展前景。

趋势分析法的具体运用主要有以下三种方式：

（1）重要财务指标的比较

该方法将不同时期的相同指标或比率进行比较，直接观察其在这段时间里的增减变动情况及变动幅度，以此来推断其发展趋势，预测其发展前景。在统计学上，这种方式叫作动态分析，运用面很广。

More

比较分析法案例

某公司在绩效考核过程中，某一职位有四个 KPI 的考评因素，分别为 A、B、C、D 四个因素，如下表：

A		0	2	1	3	0.1
B	5		4	3	12	0.4
C	3	1		1	5	0.17
D	4	2	4		10	0.33
合计	30	1				

其中，合计就是将该行与其他因素两两比较得出的值相加得到的。通过各考评因素之间的对比，可以清晰地看出因素与因素之间的关系及其重要程度，实施过程仍需要管理者凭借经验作出判断，管理者可能会在某一判断中出现偏差，却可以在与其他因素的比较上得到弥补，这对决策者来说是一个很可靠的客观参考因素，所以应用也比较频繁。

（2）会计报表的比较

将连续数期的会计报表金额并列起来，查看所有指标的增减变动金额和幅度的方法就是会计报表比较法。这样一来企业财务状况和经营成果发展变化情况就一目了然了。运用该方法进行比较分析时，要分两步进行，首先要计算有关指标增减变动的绝对值，然后再计算其增减变动的相对值。这样得到的结果更为全面。

（3）会计报表项目构成比较

会计报表项目构成比较是在会计报表比较的基础上发展而来的。它是先设定会计报表中的某个总体指标为 100%，然后把各个组成部分所占的百分比计算出来，来比较各个项目百分比的增减变动，这样就可以看出财务活动的总趋势。这种方式较前两种方法能更准确地分析企业财务活动的发展趋势。同 企业不同时期财务状况的纵向比较可以用这种方法，不同企业之间的横向比较也可以用。同时，这种方法在减少不同企业、不同时期之间业务规模差异对比较的影响和分析企业的耗费和赢利水平上有一定的优势，但是计算过程较为复杂。

Tips

趋势分析法用到的数据可以是绝对值，也可以是比率或百分比数据。

比率分析法

比率分析法是将企业同一时期的财务报表中的相关项目进行对比，得出系列财务比率，以揭示企业财务状况的分析方法。比率是相对数，比率分析法的一个很大的用处就是能够把某些条件下不可比，或者由于数据庞大不容易分析的指标拿来分析。

常用的财务分析比率通常有以下三类：

（1）偿债能力指标（分为短期和长期两类）

① 短期偿债能力

短期偿债能力是指企业偿还短期债务的能力，短期偿债能力直接影响着企业的秩序和竞争力，凡是陷入次贷危机的企业无一例外都是由短期偿债能力不足造成的，当然这可能导致破产。一般来说，企业应该以流动资产偿还流动负债，这样才能达到流动平衡。而不应依靠变卖长期资产来偿还，所以分析企业短期偿债能力可以通过以下比率来进行：

流动比率＝流动资产／流动负债 ×100%

速动比率＝速动资产／流动负债 ×100%＝（流动资产－存货）／流动负债 ×100%

现金比率＝（货币资金＋交易性金额资产）／流动负债 ×100%

② 长期偿债能力

长期偿债能力是指企业偿还长期债务（包括本金和利息）的能力，一般而言，企业的长期负债主要用于企业长期发展，如果用于投资，那么投资产生的效益至少要能偿还利息，最好连本金都能偿还。所以，通常用资产负债率和利息保障倍数两项指标来衡量企业的长期负债能力。

资产负债率 = 负债总额 / 资产总额 ×100%

利息保障倍数 = 税前利润 / 利息费用 ×100%

Tips

在财务分析中，比率分析是用得最多的一种方法，但也有局限性，例如比率分析属于静态分析，对于预测未来并非绝对合理可靠。比率分析所使用的数据为账面价值，难以反映实际情况。

(2) 营运能力指标

营运能力指标是以企业资产的周转速度来确定运营效率的指标。周转速度越快，表明企业的各项资产通过各条线路的流通速度越快，其形成收入和利润的周期就越短，一定时期内收益越高。一般来讲，反映企业营运能力的比率主要有以下五个：

应收账款周转率 = 赊销收入净额 / 应收账款平均余额

存货周转率 = 销售成本 / 存货平均余额

流动资产周转率 = 销售收入 / 流动资产平均余额

固定资产周转率 = 销售收入 / 固定资产平均净值

总资产周转率 = 销售收入 / 总资产平均值

(3) 盈利能力指标

盈利能力是企业自身和与企业相关的各方共同关注的焦点，同时也是企业成败的关键，只有长期盈利的企业，才能吸引资金和人才资源。反映企业盈利能力的比率有很多，常见的有以下几种：

毛利率 = (销售收入 − 销售支出) / 销售收入 ×100%

营业利润率 = 营业利润 / 营业收入 ×100%= (净利润 + 所得税 + 利息费用) / 销售收入 ×100%

净利润率 = 净利润 / 主营业务收入 ×100%

总资产报酬率 = 净利润 / 资产平均总额 ×100%

权益报酬率 = 净利润 / 权益平均值 ×100%

比率分析法

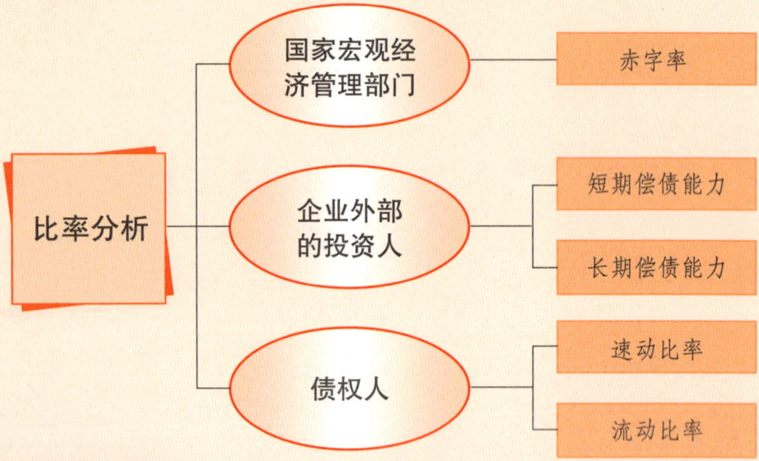

因素分析法

因素分析法又被称为连环替代法，或因素替换法。它是用来确定企业财务的各个因素对分析对象影响程度的一种分析方法。当有不止一个因素对分析对象产生影响时，先假定其他因素一定，只分析其中某一个因素即可，这样可以确定须分析的这个因素单独发生变化所产生的影响。

Tips

因素分析法对一般的经营者来说是用不到的，只有规模超大的企业或者学者在进行研究时，为了得出某项因素的具体指标，才会运用该方法。

因素分析法有很强的限制性。在使用因素分析法时，容易产生混乱，其原因就是因素分析法具有以下特征：因素分解的相关性、分析前提的假定性、因素替代的顺序性、顺序替代的连环性。

各个分析因素一要经济意义明确，二要与分析指标之间具有相关性，必须能够说明分析指标产生差异的内在原因，即它们之间从理论上必须要有紧密逻辑联系的实质，而不仅仅是具有数量关系的等式形式。有时候财务指标所分解的因素经济意义是明确的，但是与分析指标之间只有数量关系的等式形式而没有紧密逻辑联系的实质，进行因素分析毫无意义。

小故事

因素分析案例

某一个财务指标及有关因素的关系如下：实际指标：$P_o=A_o\times B_o\times C_o$；标准指标：$P_s=A_s\times B_s\times C_s$；总差异同时受到A，B，C三个因素的影响，它们各自的影响程度可分别由以下式子计算求得：A因素变动的影响：$A_o\times B_s\times C_s-A_s\times B_s\times C_s$；B因素变动的影响：$A_o\times B_o\times C_s-A_o\times B_s\times C_s$；C因素变动的影响：$A_o\times B_o\times C_o-A_o\times B_o\times C_s$。

最后，可以将以上三大因素各自的影响数相加，所得值就等于总差异P_o-P_s。

财务指标分析

财务指标指的是企业财务状况的总结和评价，是企业经营成果的分析指标。一般来说，财务指标分为偿债能力指标、盈利能力指标、营运能力指标和发展能力指标四个方面，而相应地，每个行业的财务指标都有固定的参考数值，企业通过指标分析就可以得出不达标和达标两种结论。

偿债能力指标分析

偿债能力分为短期偿债能力和长期偿债能力，短期偿债能力的指标主要是流动比率、速动比率和现金负债比率三个部分，长期偿债能力指标分为资产负债率、产权比率、负债与有形净资产比率、利息保障倍数四个部分。

这里面的各种指标在本书的其他章节都有单独介绍，此处只解释一下产权比率、负债与有形净资产比率。

产权比率是指企业的负债总额与所有者权益总额的比率，体现的是企业财务结构的稳健程度，也可以叫作资本负债率。产权比率指标越低，表明该企业的长期偿债能力越强，债权人获得的利益保障程度越高，而且相对应承担的风险越小。然而产权比率风险越低就意味着收益越低，负债的财务杠杆效应基本失灵。

负债与有形净资产比率是企业的总负债和有形净资产的比例，表示的是企业有形净资产对债权人权益保障的程度。一般来说，企业的无形资产、递延资产等在紧急情况下并不能发挥作用，不能作为偿债的保证，为了更加合理地衡量企业清算时对债权人权益的保障程度，必须将其从净资产中剔除。企业长期偿债能力越强，则这个比率越低。

偿债能力指标

偿债能力	指标	计算公式	优秀要求
短期偿债能力	流动比率	流动比率=流动资产／流动负债×100%	高
	速动比率	速动比率=（流动资产−存货）／流动负债×100%	不高不低
	现金负债比率	现金负债比率=年经营现金净流量／年末流动负债×100%	不高不低
长期偿债能力	资产负债率	资产负债率=负债总额／资产总额×100%	不高不低
	产权比率	负债与所有者权益比率=负债总额／所有者权益总额×100%	高
	负债与有形净资产比率	负债与有形净资产比率=(负债总额／有形净资产)×100%	低
	利息保障倍数	利息保障倍数=息税前利润／利息费用	高

盈利能力指标分析

盈利能力指标分析分为一般能力分析和社会贡献能力分析两个部分。企业一般能力分析包括主营业务毛利率、主营业务利润率、资产净利率、资本保值增值率和净资产收益率。企业的社会贡献能力指标分为社会贡献率和社会积累率两个部分。

盈利能力表现出来的是净利润和原有资产的比率。资本保值增值率，是企业期末所有者权益总额与期初所有者权益总额的比率。资本保值增值率表示企业当年资本在企业自身努力下的实际增减变动情况，是评价企业财务效益状况的辅助指标。

而现代社会的企业经营更加重要的是社会贡献率和社会积累率，反映企业在发展经营过程中对社会的作用，这两个指标越高，说明该企业的存在对国家、社会的价值越大。

盈利能力指标

能力分析	指标	计算公式	优秀要求
一般能力分析	主营业务利润率	主营业务利润率=利润／主营业务收入净额×100%	高
	资产净利率	资产净利率=净利润／平均资产总额×100%	高
	资本保值增值率	资本保值增值率=期末所有者权益总额／期间所有者权益总额×100%	高
	净资产收益率	净资产收益率=净利润／平均净资产×100%	高
社会贡献能力分析	社会贡献率	社会贡献率=企业社会贡献总额／平均资产总额×100%	高
	社会积累率	社会积累率=上缴国家财政总额／企业社会贡献总额×100%	高

小故事

小企业和大企业的社会贡献

我们可以看到，每年发布的财务报告中，大企业比小企业所贡献的税收高，然而这并不意味着大企业比小企业的社会贡献率高。因为大企业的主要收入并不来源于主营业务，而是通过筹资、投资等获得的收入。所以一个玩具公司可能比一个大型筹资公司的社会贡献要大。

营运能力指标分析

营运能力是指通过计算企业资金周转的有关指标分析其资产利用的效率。它的指标分析是对企业管理层管理水平和资产运用能力的分析，包括应收账款周转率、存货周转率、总资产周转率、固定资产周转率。

这些指标在本书中的其他章节中都有介绍，在此就不再解释了。

发展能力指标分析

发展能力是企业的潜在能力，表现为企业在维持生存的基础上扩大规模，壮大实力的能力。发展能力的指标分为四个部分：营业增长率、资本积累率、总资产增长率和固定资产成新率。

营业增长率是指企业一年之中营业收入增长额同上年度销售营业收入总额的比率，是评价企业成长状况和发展能力的重要指标。营业增长率指标衡量的是企业在本年度的经营状况和市场占有度，分析它能预测企业经营业务拓展趋势，是企业扩张增量和存量资本的重要前提。

资本积累率是指企业本年末所有者权益增长额和年初所有者权益的比率，反映的是企业当年资本的积累能力。分析资本积累率指标能看出企业的发展潜力。

总资产增长率是期末企业的总资产增长额和上年度总资产增长额之间的比率。它能衡量企业本期资产规模的增长情况，评价企业经营规模总量上的扩张程度。

固定资产成新率是平均固定资产净值和平均固定资产原值的百分比。平均固定资产净值指的是企业固定资产净值的年初数据和年末数据的平均值，而平均固定资产原值是指企业固定资产原值的年初数据与年末数据的平均值。固定资产成新率反映了企业所拥有的固定资产的新旧程度，体现了企业固定资产更新的快慢和持续发展的能力。该指标高，表明企业固定资产比较新，对扩大再生产的准备比较充足，发展的可能性比较大。运用该指标分析固定资产新旧程度时，应剔除折旧对房屋、机器设备等固定资产真实状况的影响。

财务分析的内容和步骤

财务分析就是根据财务报表的数据来分析企业的财务指标。一般来说，财务分析的指标虽然项目很多，但是主要集中在偿债能力、财务结构、经营效率和获利能力四个方面，通过简单的步骤就能分析出企业的现状和未来情景。

财务分析的四大类型

对一个企业来说，要发展必须要有一定的基础与良好的经营现状，而且要有远大的目标和强而有力的管理队伍。

分析一个企业的财务现状是否优秀，是否能撑起这个企业未来一段时间的发展，就得分析财务分析四个方面的内容。

财务分析的内容

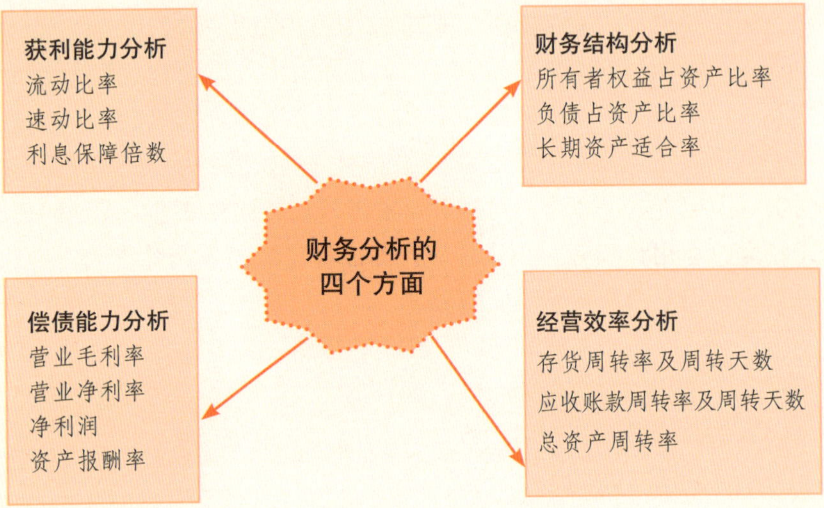

偿债能力分析：近期有没有需要偿还的大笔债务？未来一年会不会出现债务危机？流动比率是否超过同行业平均值？速动比率是否超过同行业平均值？别人借给你的钱，要从你公司收回多少利息？一旦债务关系出现危机，你的资产能为债务提供担保吗？

获利能力分析：总共有多少毛利？实际到手的净利润有多少？相比于自己的资本，一元钱赚了几分钱？而除去自己的劳动所得，那么实际上的剩余资本是多少？

财务结构分析：自己的公司实际掌握了多少股份？赚的钱有多少投入到再生产？有哪些利润实际上被无形消耗了？

经营效率分析：公司的人员多了还是少了？平均到每一个人头上，赚了多少利润？一元钱一年内能周转几次？有没有积压的货物？

财务分析的步骤

企业经营者，首先要从会计那里获得一份完整的财务报表，或者自己根据公司上月或者上个时间段的实际情况，制作一张财务报表。然而，第一步并不是分析财务报表反映出来的状况，而是对这些报表做一个复查，并且根据这个报表撰写一份财务报告。

第二步，根据财务报表中的各项数据，依次计算各种比率，来查看公司的现状和潜力。

第三步，将所得出的计算结果和同行业的数据以及历史成绩相比较，查看自己公司状况的好坏。

第四步，根据比较结果，找寻公司状况变动的原因，如变好有可能是因为采用了某种新技术，变坏有可能是某个骨干员工的离职等，然后针对不同的分析原因，有针对性地制定改进政策。

第五步，得出最终的结论，并记录总结，以备未来某一段时间的查询。

财务分析的步骤

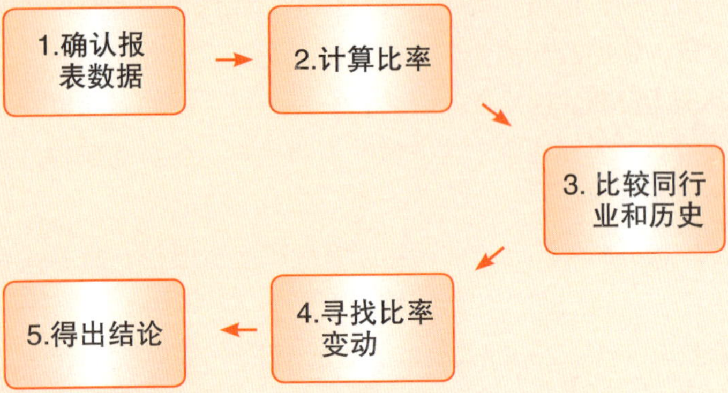

财务分析案例

1992 年，一家名为 Moviefone 的网上售票公司拟与英国的一家大型娱乐公司 Wembley 公司的子公司建立一个合资企业，开发电影自动售票服务及硬件系统。这个合作因故失败，产生的纠纷被提交仲裁。三年后 Moviefone 公司在仲裁中获胜。1999 年，美国在线时代华纳公司收购了 Moviefone 公司，继承了应向 Wembley 公司收取的 2280 万美元的仲裁收入外加 400 万美元的罚息，并将这笔收入转作广告收入。

法律纠纷收入与违约金一样，应当属于营业外收入，尽管营业收入和营业外收入都会增加利润，但它们的分量却迥然不同。在分析评价和预测企业的核心盈利能力和现金流量的创造能力时，一般只关注具有可持续性特征的营业收入，而很少关注营业外收入，因为它具有偶然性和不可预测性。

Tips

有时候数据变动的原因和公司自身无关，不过也需要做出对策。比如某个行业整体恶化，导致原材料价格上升，那么公司经营者就得想办法，如减少这种原材料的使用。

美国在线时代华纳公司的主营业务收入是广告收入，如果混淆营业收入和营业外收入，会影响对企业营利能力和现金流量创造能力的判断。美国在线时代华纳公司将法律纠纷包装成广告收入的目的，无外乎是美化业绩，突出主业，捏造其蒸蒸日上的假象。相同的做法还有利用合并优势调节在线公司广告收入，将广告代理全额确认为广告收入，循环交易虚构广告收入等。

第4章

用财务比率分析企业现状

本章教你：

- 企业的偿债能力如何分析？
- 企业的现金状况怎样？
- 怎样用数据衡量企业的发展？
- 如何看待企业的未来？

财务管理的基础需要对企业的财务状况有清晰的认识，而且还需要表现出这种认识来——能用清楚的数据和比率来反映企业的财务状况。

企业所拥有的资产和所背负的债务的比率是多少？上年度每一元企业资产所获得的利润是多少？企业所拥有的现金相比于经营需要的比率是多少？这一系列财务结构比率是从各种财务数据中计算出来的，而且只有真正掌握、理解和控制这些财务比率，企业财务管理才不会成为一句空话。

偿债能力决定企业存亡

企业的偿债能力就是企业偿还各种到期债务的能力。企业偿还债务能力的强弱，是企业能否健康生存和发展的关键，而且偿债能力有一个重要意义：债务多但总能及时偿还，就说明企业的存在更有意义。

流动资产和流动负债

流动资产是资产的一部分，流动负债是负债的一部分。在理想的状况下，流动资产与流动负债是同比例增长的，并且利润总额也随之增长，说明由于企业发展规模较大，暂时不存在无法偿还债务的风险。但如果流动负债的增长速度过快，远远超过流动资产的增长速度，说明企业的生产经营发展过快，此时，资金就跟不上了，企业就有可能出现无法偿还债务的风险。

Tips

如果企业借银行30万元，从账面来说一方面是流动负债的增加，另一方面流动资产也同时增加，偿还时两个财务科目都同时减少。

财务管理部门应定期绘制企业流动资产和流动负债图，通过流动资产和流动负债图我们可以清楚地看到流动负债和流动资产的变化。如果企业流动负债的增长幅度超过流动资产增长幅度的2倍以上，企业就面临着资金压力，其短期偿债能力就有一定的风险。

小故事

某电器公司案例

通过上市公司分析系统，我们可以看到某电器公司资产报酬率与资产负债率近三年的趋势图，该企业 2014 年的资产负债率为 73.93%，偏离合理区间范围，说明企业的负债规模偏大，但其净资产报酬率近三年逐年上升，说明有一定的获利能力。也说明企业保持较高的资产负债率，并没有影响到企业的长期偿债能力，该企业受到了广大投资者的喜爱。

流动比率和速动比率

流动比率和速动比率是考察企业短期偿债能力的重要指标。

流动比率是流动资产除以流动负债的比值。流动比率指的是公司用可在短期内转变为现金的流动资产偿还到期流动负债的能力。该比率越

流动比率和速动比率比较

某公司盘点账务，发现在一年后需要偿还100万元，一个月后10万元债务到期，公司现存有现金8万元，并且还在仓库中存有价值10万元的货物，同时在两个月后还会收到一笔4万元的账务。

指标	流动比率	速动比率（酸性测试比例）
计算方式	流动资产/流动负债	（流动资产—存货）/流动负债
正常值	1.25～2	0.25～1
该公司财务比率	2.2	0.8

高，说明该企业的偿债能力越强。一般认为，生产企业正常的流动比率是 2，下限是 1.25，低于该数值，说明公司有偿债风险。

速动比率也叫酸性测试比率，是从流动资产中减去存货部分，再除以流动负债的比值。通常认为正常的速动比率为 1，下限是 0.25，低于该界限的速动比率被认为是短期偿债能力偏低。

如果流动比率和速动比率均低于下限警戒值，并远远低于行业平均值，说明其经营形势和偿债能力都不容乐观。

资产负债率和净资产报酬率

资产负债率指的是负债与资产的比率，它是衡量企业长期偿债能力的重要指标。通常认为 60% ~ 70% 为合理区间范围。低于 30%，说明企业资金来源充足，相对富足，负债较少。但并不是“无债一身轻”，适当举债对于企业发展及规模扩大还是有一定的作用的，所以，如果企业负债过低，说明企业不够开放。而这一比例大于 70% 时，则比率过高，超过债权人心理承受程度，导致投资人不愿意再投资，筹资风险加大，且利息负担增加，偿债能力进一步削弱。

Tips

资产报酬率高低也反映出行业景气或不景气，资产报酬率越高，该企业获得资金越容易；而报酬率越低，企业所需要的资金越多，获得资金越困难。

当然，上面所讲的是一般情况，一些快速成长的企业，在其能力范围内，通过大量举债来扩大生产规模，将资金投入到高回报的项目中。虽然其资产负债率偏高，但从长远看，它是会获得一定的高收益的；相反，如果本来企业盈利性就差，还一味地降低资产负债率，甚至不负债，这并不能说明其偿债能力很强。因此，衡量企业长期偿债能力时，负债率只是其中的一个指标而已，还应该与企业的净资产报酬率相结合。如果其资产获利能力很强，负债率越高就越有利于企业发展，毕竟投资者和债权人看重的都是回报。

净资产报酬率是企业在一定时期内获得的息税前利润与净资产的比率，是反映企业资产是否得到充分利用的指标，也是衡量企业利用本身所拥有的资金取得盈利的重要指标。这个比率越高，表明企业的资金利用率越好，企业经营风险越小，盈利能力越强，财务管理的水平越高。

要注意的是净资产报酬率不等于净资产收益率。净资产报酬率是从企业经营者的角度，表明企业本身在经营中获得利润的情况；而净资产收益率是从企业的其他股东和投资者的角度，表明企业接受投资为所有人带来利润的情况。虽然这两者成正相关关系，即经营者获得的利润越大，股东获得的收益也就越大，但是这两者都是共同分配公司获得的利润，所以一旦资产负债率高，净资产收益率就高于净资产报酬率；一旦资产负债率低，净资产报酬率就高于净资产收益率；而如果资产负债率为零，即没有负债，那么净资产收益率就不存在；如果资产负债率为1，那么净资产报酬率就不存在。

More

现代理财观念

企业财务管理人员的理财观念十分重要，财务人员必须建立适应知识经济时代的信息观、发展观、风险观等一系列理财新观念，这样才能提高企业的管理水平。在复杂的市场经济环境中，过去的企业大多追求的只是资产的增长，而现代的理财观念追求的是负债和资产一起增长，这样才意味着利润的增加。

不过无论是什么样的理财观念，核心都是效率，即在短时间内尽可能获得多的利润。

营运能力分析是未来财务状况指标

营运能力分析是指通过计算企业资金周转的速度，分析其资产利用的效率，是对企业管理层管理水平和资产运用能力的分析。企业营运能力是未来财务发展的基础。销售能力和营运能力越强，企业财务系统就越安全。

应收账款周转率

应收账款周转率是企业一定时期赊销收入净额与平均应收账款余额的比例，是反映应收账款周转速度的一项重要指标。

应收账款周转率反映了企业应收账款变现速度的快慢，说明了管理效率的高低。周转率越高表明收账越迅速，账龄越短，也证明了资产有越强的流动性，短期偿债能力强，可以减少收账费用和坏账损失，可以增加流动资产的对外投资。同时可以借助应收账款周转期与企业信用期限的比较，从信誉度方面评价企业以及企业原订的信用条件是否适当。

但是，在评价一个企业应收账款周转率是否合理时，不应该只看数字，因为各个行业之间的差别都很大，要与同行业的平均水平相比较。

小故事

应收账款周转率的计算

应收账款周转率 = 当期销售净收入 / [（期初应收账款余额 + 期末应收账款余额）/2]。一般来说，高新技术公司比传统的公司应收账款周转率高，即在钢铁企业 1 元钱能挣到 5 元钱的时候，电脑企业能赚到 10 元钱。而且，账款周转越快意味着资金越安全。

存货周转率

存货周转率也称存货周转次数，是反映企业的存货周转速度和销货能力的一项指标，也是衡量企业生产经营中存货营运效率的一项综合性指标。存货周转率是企业一定时期内的销售成本与存货平均余额的比率。

Tips

应收账款包括应收账款净额和应收票据等全部赊销账款。应收账款净额是指扣除坏账准备后的余额，应收票据如果已向银行办理了贴现手续，则不应包含在应收账款余额内。

存货周转率直接反映了存货周转速度的快慢，存货周转率高，说明企业采购、储藏、生产、销售各环节管理工作状况良好，所以一般情况下，存货周转率越高越好，存货周转率越高，表明货物和现金的转变速度越快，周转额越大，资金占用水平越低。水平较低的存货占用使存货积压的风险变小，企业的变现能力以及资金使用效率就越好。

小故事

某企业的存货周转率

某制造公司2013年一季度的销售物料成本为200万元，其季度初的库存价值为30万元，该季度末的库存价值为50万元，那么其存货周转率为200÷[（30+50）÷2]=5（次）。相当于该企业用平均40万元的现金在一个季度里面周转了5次，赚了5次利润。照此计算，如果每季度平均销售物料成本不变，每季度末的库存平均值也不变，那么该企业的年库存周转率就会变为200×4÷40=20（次）。就相当于该企业一年用40万元的现金赚了20次利润，说明该公司是个不错的企业。

固定资产周转率

固定资产周转率是反映企业固定资产周转情况，从而衡量固定资产利用效率的一项指标。它是指企业年销售收入净额与固定资产平均净值的比率。其计算公式如下：

固定资产周转率＝企业年销售收入净额 / 固定资产平均净值

固定资产平均净值＝（固定资产净值年初数＋固定资产净值年末数）/ 2

固定资产周转率的高低，不仅能证明企业是否充分利用了固定资产，同时也能表明企业固定资产的投资是否得当，是否能制定合理的资产预算方案，是否能够充分发挥其效率。例如，如果固定资产周转率过低，就表示固定资产利用率过低，提供的生产成果不多，企业的

企业的营运能力比率

项目	公式	意义	改善方法
存货周转率	销售成本 / 存货平均余额	存货周转率越高，存货周转速度越快，企业的变现能力越强	创新产品，检讨应收账款政策
存货周转天数	360 / 存货周转率		
应收账款周转率	销售收入净额 / 平均应收账款	了解公司的收款能力，应收账款周转率越高，周转天数越少，企业的销售能力越强	企业加大催收账款力度，奉行较宽的信用政策
应收账款周转天数	360 / 应收账款周转率		
总资产周转率	销售收入净额 / 总资产	总资产周转率越高，周转天数越少，代表企业的营运率越高	企业可以通过薄利多销的办法，加速资产的周转，带来利润绝对值的增加

营运能力欠佳。

在实际分析该指标时，应剔除一些外部因素。例如，固定资产的净值随着折旧计提而逐渐减少；因固定资产更新，净值会突然增加；由于折旧方法不同，固定资产净值缺乏可比性等。

营运能力分析的目的

企业营运能力分析就是对反映企业资产营运效率与效益的指标进行计算与分析，从而评价企业的营运能力，为企业提高经济效益指明方向。同时，企业营运能力的分析也是生产经营指标的体现方式，发现企业在资产营运中存在的各种各样的问题。营运能力分析也是盈利能力分析和偿债能力分析的基础与补充。

More

固定资产抵押问题

从上文我们可以知道，企业固定资产周转率越高，意味着企业的经营效率越高，然而财务资料有时候也有欺骗意义。

假如某企业去年主营业务净利润为300万元，总资产为500万元。今年房地产市场利润飙升，于是这家企业将公司的厂房抵押给银行，以此为资本发行价值1000万元的股票，到年底股票升值为1200万元，主营业务依然获利300万元。表面上看，企业去年的固定资产周转率为60%，今年的固定资产周转率为300%，然而实际上公司的盈利能力并没有增强，反而因为进军房地产市场和在银行贷款，加大了经营风险。

企业盈利能力分析

盈利能力就是指企业获取利润的能力。企业的盈利能力越强，则其能给予投资人的回报越高，企业价值越大。同时盈利能力越强，资金转换速度会加快，企业的偿债能力会得到加强。反映企业盈利能力的比率指标有很多，包括毛利率和净利率、总资产报酬率、资本保值增值率等。

销售毛利率和净利率

（1）销售毛利率

销售毛利是销售收入净额与销售成本的差额，指的是企业在获得所有利润，没有进行分流时的状态。毛利率就是销售毛利和销售收入净额之间的比率。其计算公式为：

销售毛利率 =（主营业务收入 − 主营业务成本）/ 主营业务收入 × 100%

根据销售毛利率，企业可以进行如下分析：

①销售毛利率反映了企业产品或商品销售的初始获利能力，是企业净利润的起点，有多少毛利率基本上决定了有多大的盈利空间。

②销售毛利率的分析与销售毛利额分析相结合，可以评价企业对管理费用、销售费用、财务费用等期间费用的承受能力。

Tips

毛利润为净利润的三倍是正常水平。毛利润简称为毛利，而净利润则可称为净利、纯利、净利益。

③销售毛利率在各行业间不尽相同，但同一行业的毛利率一般相差不大。与同期行业的平均毛利率比较，可以揭示企业在定价政策、产品或商品推销和生产成本控

制方面存在的问题。

（2）销售净利率

销售净利率是指企业净利润占销售收入净额的百分比，表示每元销售收入净额获取利润的能力。其计算公式为：

销售净利率＝净利润／销售收入净额×100%

在分析企业的销售净利率时，可以从以下几方面进行考虑：

①销售净利率是企业销售的最终获利能力指标。此比例越高，说明企业的获利能力越强。但是不同行业的指标不尽相同，高科技企业，销售净利率高；重工业和传统制造业，销售净利率低。应该结合不同行业的具体情况进行分析。

②从指标计算可以看出，只有当净利润的增长速度大于销售收入净额的增长速度时，销售净利率才会上升。

③净利润的形成并非都由销售收入所产生，它还会受到其他业务利润、投资收益、营业外收支等因素的影响，在分析比较时应多加注

毛利率的影响因素

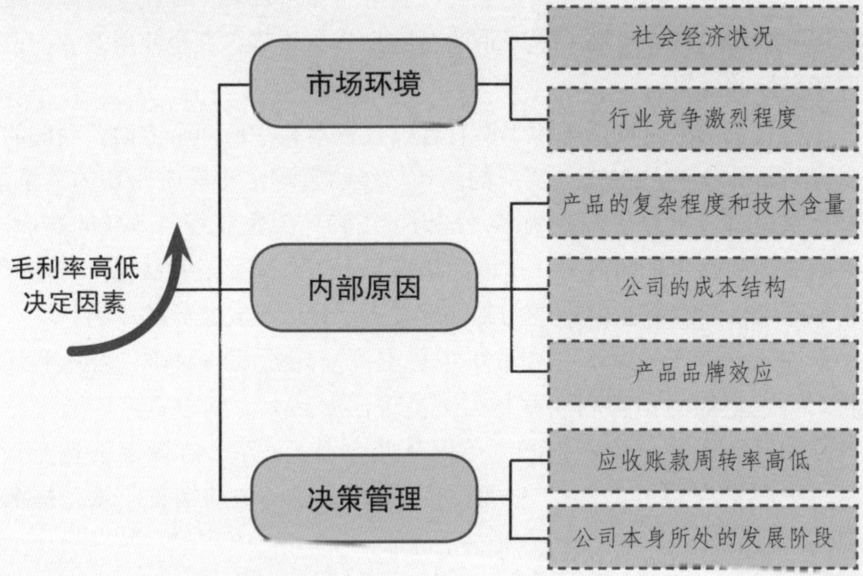

意。

④在进行不同行业间比较时，必须考虑不同行业和不同时期的情况，设定参考基准进行比较，否则将会得出不符合事实的结论。

总资产报酬率

总资产报酬率又称资产所得率，是指企业一定时期内所获得的报酬总额与资产平均总额的比率。它表示企业包括净资产和负债在内的全部资产的总体获利能力，用来评价企业总资产的总获利能力，是评价企业资产运营效益的重要指标。其计算公式为：

Tips

企业在存货计价和固定资产的折旧方法等会计处理中的差异会通过影响销售成本影响毛利率的计算，这一点在企业之间作横向比较时应加以注意。

总资产报酬率＝（利润总额＋利息支出）／平均资产总额 ×100%

在进行总资产报酬率的分析时，应该从以下几方面进行考虑：

（1）总资产报酬率反映企业资产利用的综合效果。该比率越高，表明资产利用的效率越高，说明企业在增收节支和节约资金使用等方面取得了良好的效果。

（2）企业的总资产来源于所有者投入资本和举债两个方面。利润的多少与企业资产的多少、资产的结构、经营管理水平有着密切的关系。综合来说，分析总资产报酬率，是为了正确评价企业经济效益的高低，挖掘提高利润水平的潜力。用该项指标与本企业前期经营状况、与本行业平均水平和本行业内先进企业进行对比，分析形成差异的原因。

（3）总资产报酬率主要取决于总资产周转速度的快慢以及净利润的大小。企业的销售利润率越大，销售速度越大，则总资产收益率越高。因此，提高总资产报酬率可以从两方面入手：一方面加强资产管理，提高资产利用率；另一方面加强销售管理，增加销售收入，提高利润水平。

小故事

甲公司案例

据资料，甲公司2013年净利润为800万元，所得税375万元，财务费用480万元，年末资产总额8400万元；2014年净利润680万元，所得税320万元，财务费用550万元，年末资产总额10000万元。假设2013年年初甲公司的资产总额为7500万元，则甲公司总资产报酬率计算如下：

2013年总资产报酬率＝（800+375+480）÷[（7500+8400）/2]×100%＝20.82%

2014年总资产报酬率＝（680+320+550）÷[（8400+10000）/2]×100%＝16.85%

资本保值增值率

资本保值增值率反映了企业资本的运营效益与安全状况，同时也是财政部制定的评价企业经济效益的十大指标之一。其计算方法为：

资本保值增值率＝(年初所有者权益＋年末利润）/年初所有者权益×100%＝扣除客观因素后的年末所有者权益 /年初所有者权益 ×100%

资本保值增值率表示企业当年的资本在企业自身的努力下的实际增减变动情况，是评价企业财务效益状况的辅助指标，反映了投资者的资本在投入该企业之后是否能增值。该指标越高，表明企业的资本保全状况越好，投资者收益率越高，债权人的债务越有保障，企业发展后劲越强。这样，债权人和投资者才愿意为企业投入更多的资金。

如果一个企业期初所有者权益为5000万元，本期实现净利润1800万元，期末所有者权益为7000万元，则：

资本保值增值率＝（5000+1800）÷5000×100%=136%

结果显示该企业通过本期经营，资本增值了 36%，期末所有者权益比期初增长了 40%，除了资本增值外，投资者加大了投资力度也可能是其中一个原因。资本保值是增值的基础，保值是随着物价而变化的，而非名义价值的保全。考虑物价上涨因素对资本保全的影响，只有在当期净利润不低于期初所有者权益与一般物价指数上升率的乘积时的保值才是真正意义上的保值。所以，在物价上涨形势下，资本保值增值率指标应为：

资本保值增值率 = [期初所有者权益 +（本期利润 − 期初所有者权益 × 一般物价指数）] / 期初所有者权益 ×100%=（期初所有者权益 + 本期利润）/ 期初所有者权益 ×100% − 一般物价指数上升率

真正意义上的资本保值增值率与本期筹资和其他事项无关，与本期利润分配也无关，而是取决于当期实现的经济效益，即净利润。因此，资本保值增值率指标应从损益表出发，以净利润为核心计算。

资本保值增值率若为 100%，说明企业不盈不亏，保本经营，资本保值；若大于 100%，说明企业有经济效益，资本在原有基础上实现了一定的增值。

Tips

案例中若本期一般物价指数上升 10%，则：资本保值增值率 =[5000+（1800−5000×10%）]÷5000=126%，而不是 136%，这是为什么呢？

保值增值率和经济大环境密切相关，即通货膨胀率越高，保值率也就越高。这是因为企业赚钱与否，必须在资产报酬率和银行的利息率相互比较后再确定，而银行的利息率和保值率是相互结合的。在严重通货膨胀的情况下，存入银行的资金如果不计算保值率，会有贬值的可能。

发展能力——企业未来状态的分析

企业的发展能力，也称企业的成长性，指的是企业通过自身的生产经营活动，不断扩大积累而形成的发展潜能。企业能否健康发展取决于多种因素，其中包括外部经营环境、企业内在素质及资源条件等。对所有的合作者或者竞争者来说，发展能力越强的企业，本身的财务管理也越有力。

企业自我发展能力分析

企业自我发展能力就是企业可动用的资金总额减去本期新增加的流动资金需求及利润分配后的资金用于投资发展的能力。

在一定时期内，企业的盈利能力和负债情况可能会制约企业内部经营创造的资金额度，企业可持续发展的速度也是有限度的。如果企业想扩大生产规模，而且速度很快，则经营活动可能因为缺乏必要的资金而中断，或者需要向银行等金融机构借贷。

一旦外部资金不再投入进来，或者成本较高，就会使企业的发展遭受挫折，给企业的进一步发展增加困难。分析企业的可持续发展能力，计算企业发展速度，就是期望知道企业目前经营成果和财务状况可以支持什么样的发展速度及企业该如何向外扩张。

在通常情况下，每一个行业和企业的合理资金结构是相对稳定的，即企业的负债与权益之比应维持在一个合理的、相对不变的水平。资产的构成决定了企业的盈利能力，在生产技术水平和企业经营环境不发生重大变化时，总资产与营业收入之比，即资产收益率，也是相对稳定的。

企业的自我发展分为七种情况：

（1）平衡发展

平衡发展就是我们常说的稳步发展，主要表现为企业营业收入增长率高于通货膨胀率。企业销售利润能够支付管理费用、财务费用、流动资金需求并有盈余用于企业发展投资。企业资金结构合理，财务费用都在合理标准内。

（2）过快发展

过快发展即营业额增长迅速，而存货和应收账款的增长速度比营业额快，企业营运资金需求增加，但企业没有足够的资金来源来满足资金需求的增长，从而引起企业现金支付困难。

（3）失控发展

失控发展是由于市场需求增长过快，企业紧跟增长势头，甚至通过借款来支持这种增长，营运资金为负。一旦市场需求减少，因生产能力已经扩大，固定费用支出增加，企业发生销售困难，资金结构极不合理且难以转变，就会造成发展失控。

（4）负债发展

企业盈利很低，却决定扩大规模来扭亏为盈，因此大量举债投资，营运资金为正，营运资金需求也大量增加，但企业利润增长缓慢。这是不平衡的冒险发展。

（5）周期性发展

企业发展随经济周期的变化而变化，这些企业在经济扩张时期发展很快，赢利较好，在需求不足时期，赢利下降，发展缓慢。这种企业的投资应以长期发展趋势来定，避免在某个时期大量投资。

（6）低速发展

企业盈利率较低，也没有扩大规模的能力，而且新产品的研发力度也不够，企业投资已经收回，流动资产和流动负债均没有

Tips

分析企业所处的发展阶段或状态，有利于我们对各项财务指标做出更准确的评价。

增长。这些企业对竞争很敏感，企业的投资与发展没有保障。

（7）慢速发展

企业主动投资减少，企业营业额不再增长或者增长放慢，但企业流动资产仍有所增长。可能是企业产品竞争能力降低，也可能是企业盈利率降低，难以再获得主动投资。有一些企业往往会在此时把资金投向其他项目或者其他企业。

企业自我发展的状态

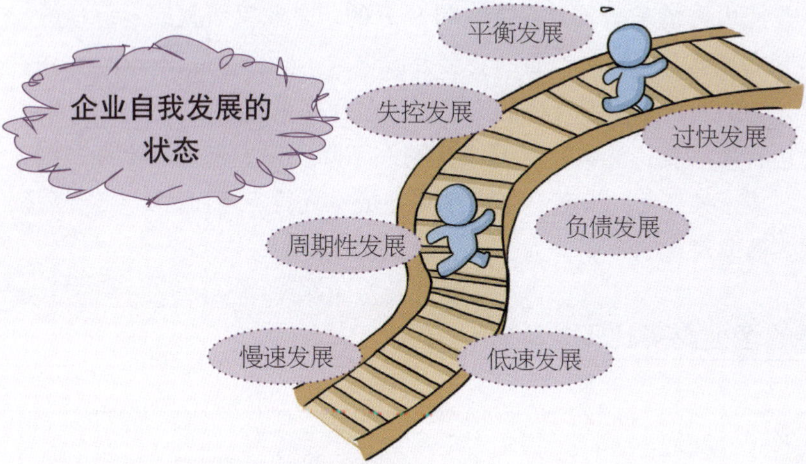

企业筹资发展能力分析

企业筹资发展能力是指企业作为筹资主体根据其生产经营、对外投资和调整资本结构等需要，通过筹资渠道和金融市场及各种途径投资，经济有效地筹措和集中资本的能力。在现代市场经济竞争中，选择筹资方式一定要正确，只有这样才能保证筹集到足够的生产经营活动中所需要的资金，保障企业生产经营活动的正常运行和扩大再生产的需要。各个企业的环境不同，所选择的筹资方式也有相应的差异。适合企业自身发展的筹资渠道和筹资方式才是最好的渠道和方式，才能够促进企业的长期发展。

确保满足企业预期经营需求是企业筹资活动的主要功能。但一般而言，企业的经营和发展不能过度依靠企业筹资，因为企业筹资的目标是既满足企业资金需要（包括日常运营及对内对外投资），又使企业财务不受到损失。

Tips

影响企业筹资能力的主要有资金需求量、资本成本、筹资方式、筹资手段及企业信誉、生产经营状况等因素。

企业使用筹借来的资金是要支付利息的，企业以借款或发行债券、股票等形式筹集资金时，外面的资金会流进来，而当企业归还本金与利息时，又会引起企业内部资金的流出，这时候如果资金匮乏，就可能会造成营运状况不良，导致停工减产，利润下降。但如果筹资金额过剩，肯定是出现了某方面的浪费，加大了企业成本支付。因而，筹资活动是一项需要谨慎对待的企业行为。

主要的企业财务比率

变现能力	流动比率	速动比率		
资产管理	存货周转率 营业周期	存货周转天数 流动资产周转率	应收账款周转率 总资产周转率	应收账款 周转天数
负债	资产负债率	产权比率	有形净值债务率	已获利息倍数
营利能力	销售净利率	销售毛利率	资产净利率	净资产收益率
现金流量	现金到期债务比每股营业现金净流量	现金流动负债比全部资产现金回收率	现金债务总额比	销售现金比率
财务弹性	现金满足投资比率	现金股利保障倍数	现金营运指数	

小故事

买哪一家的股票?

初入股市的股民都会面临这么一个选择，在纷繁复杂的上市公司中，到底该选择哪一家股票公司呢？其实再厉害的股市投资者，也不能从公司的名称、介绍和股市走向中判断出该选择哪一家股票，他们也必须了解这些公司的财务报表，计算财务比率，才能找到适合自己的投资对象。

企业发行股票、吸收权益性投资、发行公司债券及票据，取得长期、短期贷款等，都会使企业的资金流有较大幅度的增加，而企业在银行的贷款早晚是要还的，支付筹资租赁租金中的本金部分及发行股票、公司债券和其他筹资形式而支出费用时，又会占用企业大量的资金。所以不能为了筹资而筹资。

More

两种盲目筹资情况

第一，企业生产规模连年扩大而又大举筹资，成倍扩大生产规模，就是一种盲目筹资。其盲目性在于企业经营管理、生产组织能力和人员技术能力难以在短期内相适应；市场竞争加剧或市场容量有限而可能使销售下降、利润降低。

第二，企业突然转向与自己行业差别很大而又没有生产经营经验的产业，为此而进行的筹资也是盲目筹资。筹资没有那么容易，投资效益短期内很难达到预期水平，甚至可能会引起企业原来的产业水平也发生下滑，盲目筹资只会得不偿失。

第5章

企业的财务预算

企业需要财务预算，即计算出未来一个时间段的财务状况。

一个星期后企业的原材料会涨价吗？两个月后大学生毕业，可能招收需要工资比较少的大学生。国际金融危机结束，债务可能会缓期。而自己在未来的三年后可能需要一笔钱来买房，该怎么办？……这些都属于财务预算。作为一个成功的管理者，需要掌握最基本的财务预算方法。

本章教你：

- ▶什么是财务预算？
- ▶怎么进行财务预算？
- ▶财务预算怎么变更和控制？
- ▶一份完整的财务预算书该如何编制？

财务预算概述

预算是根据一定的目的和方法，规定财务收入的来源和数量以及财政支出的各项用途和数量。企业财务预算也是一样，它既能预测和控制未来时间内的常量，还要有计划地处理可能会出现的变量，而处理变量就是财务预算的真正意义所在。

财务预算的定义

财务预算是专门反映企业未来一段时间内财务状况和经营成果，以及现金收入等价值指标的预算总称。

财务预算是一个系统，由这几个部分组成：反映现金收支活动的是现金预算；反映销售收入状况的是销售预算；反映各种成本、费用支出的是生产费用预算，也被称作直接材料预算、直接人工预算、制造费用预算和期间费用预算；反映资本支出活动的是资本预算；而把这些预算统一计算的是综合财务预算。

这些预算是一个整体：销售预算是生产费用预算、期间费用预算、现金预算和资本预算的基本编制基础；现金预算是其他所有预算中，有关现金进出活动的汇总；损益表预算必须根据销售预算、生产费用预算、期间费用预算、现金预算的所有结果进行编制，而预计资产负债表要根据以前的资产负债表和销售、生产费用，资本等进行编制，预计资产负债表和损益表的汇集才是最终的财务状况预算表。

财务预算表的构成

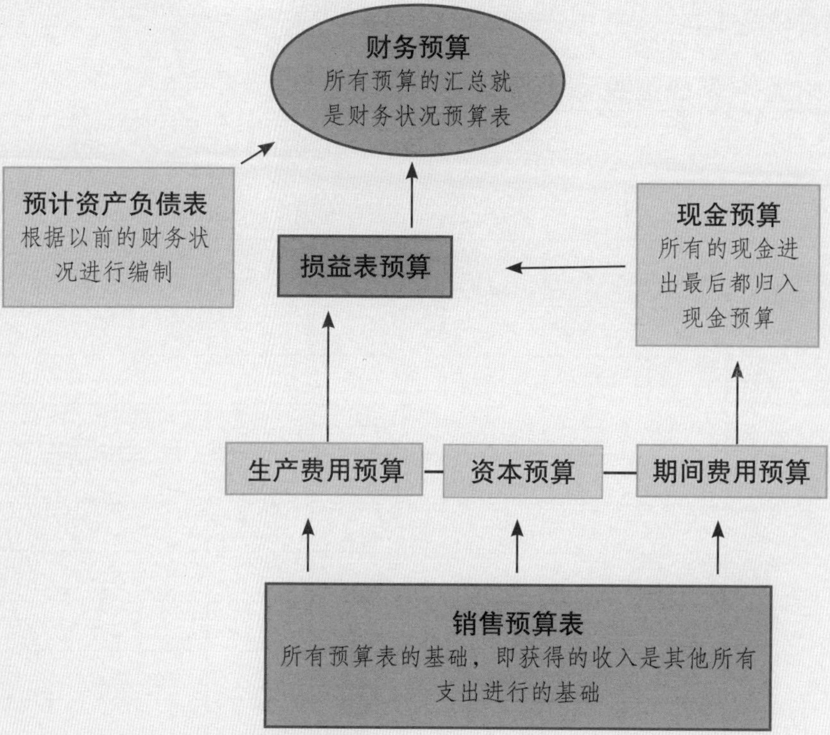

财务预算的作用和分类

财务预算能够让企业的决策目标具体化、系统化和定量化，对企业的财务管理来说，财务预算能够全面、综合地协调企业内部各个部门之间的关系，能规划各层次的经济关系与职能，让企业生产的各个要素都统一在同一个工作目标下。根据财务预算进行行动，企业的生产经营人员就可以明确各自职责及相应的奋斗目标，可以做到事先就人人心中有数。财务预算作为企业计划——全面预算体系中的最后一个环节，可以说从整体价值方面反映了经营中决策预算与业务预算的结果，通过对比，让执行情况的好坏一目了然。

通过财务预算，经营者可以建立一个评价企业财务状况的标准，将实际执行的结果数和预算数据进行对比，及时发现执行中的问题，并调整其中的偏差，让企业的生产经营活动按预定的目标进行，最终实现企业的财务目标。

财务预算现金收支表格

2012年4月财务资金收支预算表

编制部门单位：上海景象园林绿化工程有限公司　　　　　　　　　元

收支内容	说明与纲要	初期资金结余	收入预算	支出预算	本期资金结余（缺口）	备注
公司收入	现金及银行存款	49725.77				
其他收入						
外部融资	银行贷款		4000000			
营销费用支出（市场部）						
管理费用支出（行政及管理部）	工资			34500		
	停车费			100		
	过路费			500		
	油费			4000		
	电费			2200		
	水费			160		
	办公用品			333.9		
	制作等效			3000		
	制作广告牌			4000		
	打印宣传册			500		

财务预算分为一般的日常业务预算和专门决策预算。日常业务预算，是指与企业日常经营活动直接相关的经营业务的各种预算，包括销售预算、生产预算、直接材料耗用量及采购预算、应缴增值税、销售税金及附加预算、直接人工预算、制造费用预算、产品成本预算、期末存货预算、销售费用预算和管理费用预算。专门决策预算，又称特种决策预算，是指企业不经常发生的，需要根据特定决策临时编制的一次性预算，分为投资决策预算和经营决策预算两种。

Tips

对企业来说，财务预算分类越细，表格越清楚，作用也就越大。

小故事

没有预算的行业

基本上，所有的公司都需要一份完整的财务预算计划书，但有些企业是无法预算或者不需要预算的。比如，一个刚起步的企业，虽然也有确定的目标，然而并不需要真正的财务预算，这是因为如果有财务预算的成本还不如踏踏实实生产，即财务预算所需的作用还不如财务预算的成本。其次，一些按部就班的企业，比如国企时代的钢铁厂等，它们的生产“万年如一日”，财务预算没有任何作用。

财务预算的特征

财务预算是财务管理的重要组成部分，和其他的管理措施相比，财务预算管理方法有战略性、全面性、系统性、科学性和机制性的特点。

财务预算管理的战略性特征，是指财务预算的构建必须以企业战略为导向，符合战略要求的财务预算管理才能对企业发展起到全方位的作用。全面性指财务预算本身是一个系统。系统性分为纵向和横向两个方面，纵向是指在时间上，预算的编制、执行控制、考核和奖惩各环节共同构成一个刚性的预算；而横向系统性则是指各个部门的执行内容都是相互联系的，一个部门对预算的执行力不够，就会影响到其他部门的工作。系统性强调财务预算必须在基础资料充实、计算方法先进、执行过程高效的基础上才能实现管理作用，相比于其他各种理论和管理，财务预算更加科学。科学性表明财务预算管理的目的是强化管理，让预算成为管理制度，而不是临时性、分散性的管理手段，并和市场的变化相结合，而且编制、执行、监督都是完整的制度。机制性是指财务预算管理涉及企业各个部门，需要全员参与，编制、执行、控制、考核、分析、绩效等都渗透到企业经营活动中的每个环节，而且包括经营预算、资本预算、筹资预算等各个方面预算的整体，即财务预算具有全方位、全过程、全动员的特征。

财务预算的特征

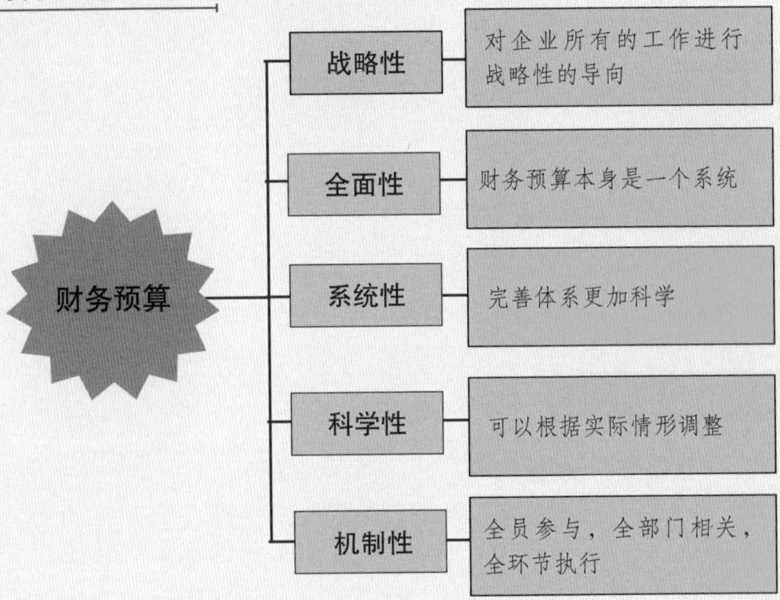

财务预算的方法

财务预算虽然从表面上来说，只需要根据国家规定的财务预算编制程序来进行制作就可以了，不过对每一个企业来说，根据导向的不同和企业的实际情况不同，财务预算有不同的方法。

不同的财务预算需要不同的预算方法

固定预算又称静态预算，是以预算期内正常的，可能实现的某一业务量水平为固定基础，不考虑可能发生的变动因素而编制预算的方法。企业把所有的成本分为变动成本与固定成本两部分，根据变动成本调整与计量的预算方法称为弹性预算。

财务预算根据企业的发展状况分为两种，如果第一次制作预算就是零基预算，所有的数据都是从零开始；第二种是增量预算，是根据以往的数据进行预算。相比较，增量预算因为有以前的基础，更容易进行，

不同的财务预算

不变动预算，把预算做成和上一个时间段一样	固定预算	弹性预算	各种数据都有变动的可能，所以在固定数据上设计合理的变动值
企业开创，所有的数据空白	零基预算	增量预算	企业成熟，根据以往数据增加预算
以每年为单位，不断制定新预算，更替原有预算	定期预算	滚动预算	始终保持十二个月的预算状态，不断增加和修订

但是也可能产生冗余。

一般来说，以会计年度为时间单位的预算方法是定期预算，预算期和会计年度相挂钩；而滚动预算是指在编制预算时，将预算期与会计年度随着预算的执行不断延伸补充下去。定期滚动，是使预算期始终保持为一个固定期间的一种预算编制方法。滚动预算是个不断修订的过程，比定期预算更合理，不过也更难编制。

企业需求不同，预算方法也不同，作为经营者，首先要认清自己企业的状态，确定自己的财务预算需求。

财务预算的基本要求

财务预算是一个整体，各个环节有特定的要求。

成本费用预算是最基本的综合性预算，必须在遵循成本效益原则的前提下，充分体现从严、从紧的精神，处处精打细算，量入为出，勤俭节约。在成本费用的预算上，经营者必须保证每一笔成本费用都能为自己带来收益。

企业产品在市场上的竞争能力和占有率就是企业的生命力所在，成本费用越低则利润空间越大，因此最大限度地降低成本费用是编制财务预算的基本要求，合理又先进地消耗定额是财务预算编制的基础。

在基本要求下，如果各项消耗定额费用预算和有关资料齐全，那么就可以根据企业成本费用计算的方法，采用直接计算法编制。而在各项消耗定额、费用预算和有关资料不齐全的情况下，或者进行零基础预算，那么就应该采取因素测算法进行编制。

直接计算法

简单的财务预算方法有直接计算法，分为集中编制和分级编制两种，在此以成本费用预算方法为例。

集中编制由成本主管部门进行编制，根据各个项目进行成本预算。这种计算方法，只需要根据国家法律的规定，由主管部门的领导填制就可以了。

分级编制则是对各个项目进行分类分级别，由每一个相关部门的主管填写，到最后由专门的会计汇总这些所有的预算数据，并根据整体的

财务预算的直接计算方法

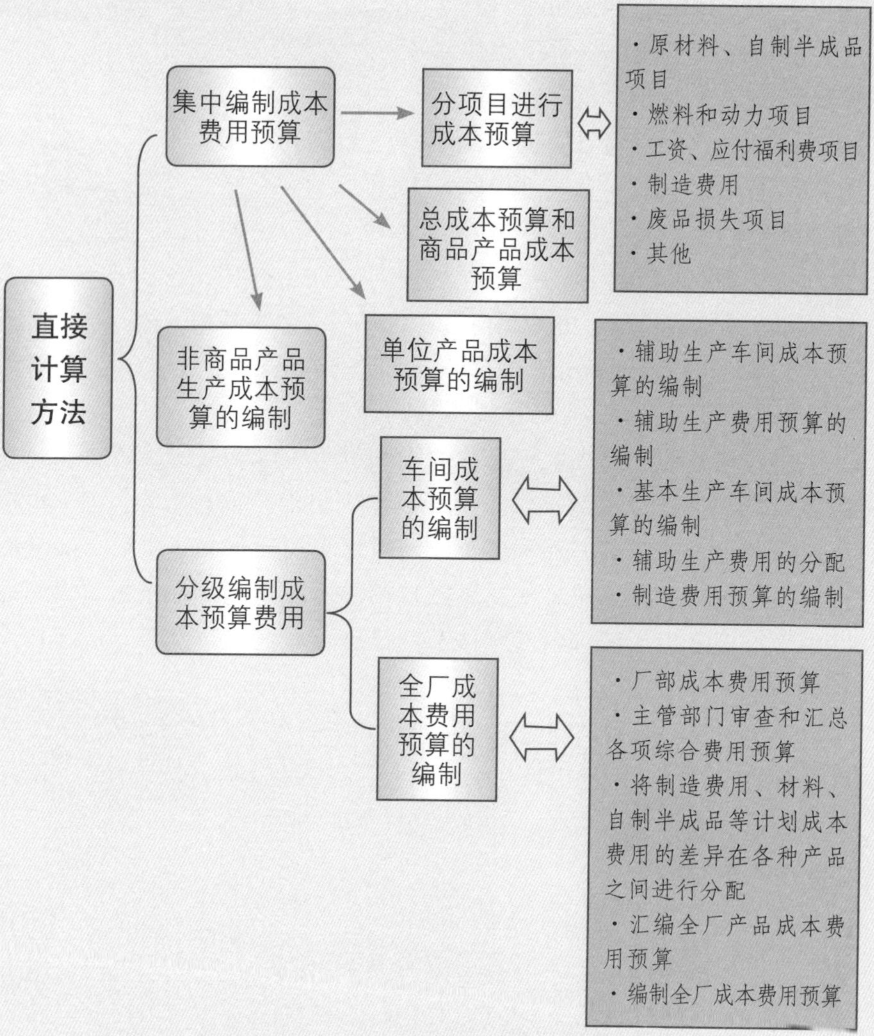

企业情况调整数据，完成完整的预算表格。

因素预测法

从成本费用预算的编制来看如何用因素预测法进行财务预算。

成本费用预算主管部门根据企业确定的目标成本费用进行初步试算结果向各车间、部室提出降低产品成本的预算要求，各车间、部室也应向所属班组提出要求。车间、部室根据有关部门和班组提出的增产节约措施，制定本车间、部室的增产节约措施项目预算。成本费用预算主管部门汇集各车间、部室上报的增产节约措施项目预算，进行分析研究，综合计算增产节约措施的经济效果及其对产品成本的影响，汇总编制产品成本节约预算。

Tips

因素预测法是把所有的生产经营环节纳入一个系统，任何一个数据的变动都有可能引起最终的预算结果变动，所以相对来说，因素预测法更高级、更难。

根据求得的产品成本预算节约额和上年实际产品成本资料，分别就各项目调整计算，确定预算年度成本项目的产品总成本预算；再根据预算产量，确定单位成本预算，同时计算可比产品成本计划降低额和计划降低率。计算结果如达不到目标成本规定的降低指标时，则应进一步挖掘潜力，拟订新的增产节约措施，以满足达到目标成本费用的要求。

这里所说的因素预测法是以基年实际产品成本为基础，预测各个成本项目中今后一定时期内将受哪些因素的影响及影响程度，预测今后的产品的单位成本及总成本。影响产品成本变动的因素很多，测算的具体方法也不尽相同。

小故事

大变样的财务预算表

发展越快的企业，预算表变动越大，比如电脑行业。2010年，中国联想集团公司收购IBM公司，这一年这个公司的预算表格变动就会很大。一是项目变动，因为IBM公司的财务报表中有着更多的国际因素；二是数据变动，因为公司合并会增加大量成本，也带来大量的合并溢额；三是预算形式变动，因为两个公司的合并必然是一个公司的预算方法和形式向另外一个公司的靠拢。

More

财务预算管理软件

随着科学技术的发展，财务预算管理越来越多地使用电脑软件技术。财务预算管理软件在程序上，分为预算编制、预算控制、预算执行、绩效管理四个大的网络模块。对公司来说，挑选一个合适的程序非常重要。财务预算管理过程中，以下这些内容都是通过网络完成的：预算编制用户进行预算指标的下达、分解、上报、审批、汇总、发布，财务人员进行事前控制和预警、报销、付款，财务人员执行报表查询、图形化分析展现，系统在分析模块时进行图形化展示、趋势分析、旋转、钻取等高级分析活动。

财务预算管理

财务预算管理是企业管理最重要的一个环节，也是预算管理的核心部分。对财务预算来说，编制之后，最重要的是进行管理，即执行中如何确保财务预算落到实处。

日常财务预算管理

财务预算是一个整体，包含有预算政策的制定、预算编制、日常管理及检讨改进四个部分，而其中最重要的是日常管理，它是整个预算制度成功的关键。

财务预算的日常管理，通常是指在日常生产经营管理中，各种财务报表的设计和使用。财务预算的日常管理需要遵循下列原则。

第一，日常管理报表应配合预算项目而设计。一张日常管理报表可能包含多个相关预算项目，但每一个预算项目应有独立的字段，并有小计与月累计，以方便和预算比较。

第二，日常管理报表通常应按凭证逐笔填写，资料量太大时可按日统计后填入，但应与明细资料相配合以方便查询。

第三，日常管理表还应该有相对应的预算字段，这个字段的金额应该与该报表的期间累计相一致，以方便比较。

第四，日常管理表另需设计异常说明字段，并规定在何种差异的情形下，必须做异常说明。

第五，日常管理报表应有合理的审核流程，以确保各部门在遇到困难时能够被发觉并得到协助。

第六，重要的日常管理报表可作为企业经营会议的讨论事项，由责任主管提出报告再由相关人员提出意见。

总之，日常管理表是预算制度中的控制机制，随时发现预算执行中的问题并及时提供协助，从而提高预算达成的可能性。

日常财务预算管理原则

日常财务预算管理原则

原则	要求
日常管理报表应配合预算项目而设计	每一个项目都应该有独立总结
按凭证逐笔填写	按时间编号使顺序清楚
有相对应的预算字段	对每一个预算都要加以解释
另需设计异常说明字段	对异常的数据需要文字解释
合理的审核流程	需要不同的部门共同完成审核
企业经营会议的讨论事项	随时对预算情况进行讨论

财务预算管理的内涵

Tips

对一定时期内企业资金的筹集、使用、分配等财务活动所进行的计划与规划，使生产经营活动按照预定的计划与规划进行流转和运动，并实现企业理财目标的有效管理机制与资本经营机制的内在要求一致。

企业为了生存、盈利和发展，必须打破传统职能管理的界限，将企业视为一个整体，在战略目标及战略计划的指导下，注重企业内部综合协调管理，强化企业管理的计划、组织、控制和协调职能。只有这样，才能让所有职能部门和所属单位的子目标与企业的整体目标趋同，才能使得投资者的战略决策与经营者的管理行为相一致。这种管理格局无疑需要企业管理有一条主线，将企业各职能部门的管理工作和所属单位的生产经营活动贯穿起来，以提高企业整体的管理效率和经济效益。经验证明，这条主线就是预算管理。

财务预算管理的缺陷

- 财务预算管理的缺陷
  - 只重视短期活动忽视战略目标 ⟺ 只看到十二个月的期限，不重视战略作用，不重视企业长远利益
  - 只强调财会部门的预算管理工作 ⟺ 忽视预算管理组织机构的完善，必须让所有的部门都受财务预算控制
  - 只重视静态管理，忽视动态管理 ⟺ 加强动态管理，始终从动态的角度把握企业近期的规划目标和远期的战略布局
  - 只重视资金运用管理 ⟺ 忽视资金成本管理，必须注重资金筹集方式与成本，资金需要与偿还时间的安排
  - 只重制造成本法的运用 ⟺ 忽视成本管理法的运用，必须根据量、本、利的依存关系进行管理
  - 只重视内部因素分析，忽视外部环境研究 ⟺ 忽视外部行业、市场和国际环境对财务预算的影响

财务预算管理的实施

财务预算工作的实施，是一个复杂完整的过程。财务预算管理是对计划的数字化反映，是落实企业发展战略的有效手段。因此，企业在实施财务预算管理之前，应该认真地进行市场调研和企业资源的分析，明确自己的长期发展目标，并以此为基础编制各期的预算，使企业各期的预算前后衔接起来，避免预算工作的盲目性。

在财务预算管理的实施中需要做到以下几点：以企业战略为基础实

施财务预算管理；面对市场变化进行预算，同时根据市场变化情况调整预算，面向未来和基于活动分解进行预算；虽然财务预算是一个整体，但是在具体操作上要从明确每一个环节开始；基于企业价值链分析实施预算，让财务预算成为部门之间关系调解的有效手段；恰当的假定是预算的基点，变量的设定必须对未来有一个合理的假定，并且在实施过程中验证这个假定；考核与奖惩是预算工作的生命线，任何部门、任何个人不管外部因素如何变动，完成了预算就应受到奖励，而不能按时完成预算就应受到惩罚；以人为本，关注预算道德，企业在执行预算的过程中应关注人性，塑造出“我们的预算”，而不是“强加给我们的预算”。

小故事

中石化的财务预算管理

中石化在上市之前，并没有统一的内部会计制度和财务预算管理制度，所有的财务信息没有汇集成一个系统。2000 年，中石化开始实施网络化财务管理信息系统，并且在同一年推广完成账务汇总和报表分析系统，到了 2001 年，又开始在全公司推广炼化企业成本核算和固定资产系统，并且逐步和实际的公司管理相结合。

More

预算员的条件

因为财务预算的重要作用，现代社会已经发展出一个全新的职业——预算员。根据相关规定，我国的预算员报考条件是这样的，凡遵守国家法律、法规，恪守职业道德，从事工程造价工作，年龄不超过 60 周岁并具备所列条件之一者，经所在单位或学校同意，均可报名参加考试。

企业财务预算的编制

对财务预算来说，管理是查看公司的运行是否符合预先设计的路线。然而，管理得再好，一旦预先设定的路线错误，财务预算也就失去了意义，相对于管理，对企业，特别是大型企业来说，更难、更重要的是企业财务预算的编制。

财务预算编制的原则

所有的财务预算的编制都是单独的行为，每一个公司在每个时间段都有独立的财务预算编制。尽管在许多细节方面不同，所有的财务预算编制都必须遵循两个原则：

第一，以销定产原则。财务预算编制基本上是建立在经济预测——主要是销售预算基础上的。对预算来说，销售预算是整个编制的起点，销售预算确立了，就可以按照公司的销售进度和额度来计算公司在下一

小故事

军队过大桥

不仅仅企业要做财务预算，对于军队来说，也需要进行预算，而且重要到关乎生死。假如一个人过一座大桥要一分钟，那么十个人过桥就要一分二十秒，一百个人过桥就需要十二分钟。然而如果根据这个比率原则，某个参谋制定预算：留给一千大军两个小时过桥的时间，那么这份预算或者说作战计划就可以说是“废纸”了，因为它没有足够的灵活性：桥可能会塌，突然下雨，某个战士崴脚了，或者某个战士身体不舒服。对企业来说，外部环境变动因素太多，预算编制应有足够的空间。

个年度应该铺开多大的摊子，购进多少原料，雇佣多少劳动力，产出频率多高，需要向银行借款多少来扩大生产。

第二，灵活性原则。虽然销售预算额度是一个确定的数值，然而在根据确定数据制定预算时必须灵活地留下足够变动的空间。在执行预算期间，为了更加方便管理，在涉及支出、收入资金的时候应留下足够的准备金。

财务预算编制的流程

财务预算工作是整个公司的部门和人员都必须参与的，流程如下：

第一步，确定并下达财务预算目标。根据预算年度经营目标及相关制度确定基层各单位的年度目标利润、资产负债率、资产回报率、坏账损失率和投资收益率等预算指标，而且必须将这个指标在每年的 11 月份之前下达到每个相关人员手中。

Tips

财务预算必须体现出企业的特点，即财务预算必须以实际环境为依托，不可以直接从某本书中套用预算报告。

第二步，编制和上报预算草案。预算编制不可能一次性成功，第一次只需要确定一下大概数额和方向，形成草案。各单位根据实际经营情况编制预算年度财务预算草案，并在每年的 12 月份前上报这一草案。

第三步，审核并修改预算草案。各个部门的预算草案上报后，基层人员审核各项财务预算，在没有违反预算规定后由主管部门和人员平衡、汇总、排序这些财务预算，并根据实际情况通过、打回或者要求下级单位调整。下级单位接到预算草案审核报告后，重新制定预算方案，并重新上报，然后审核。

第四步，预算方案通过后，交给公司最高层审批盖章，并在第二年的生产经营中严格依照财务预算方案操作。

财务预算方案编制流程

国家财政预算的编制流程和企业是一样的，如果草案被多次驳回，那么就必须反思预算目标，或者追究下级单位责任。

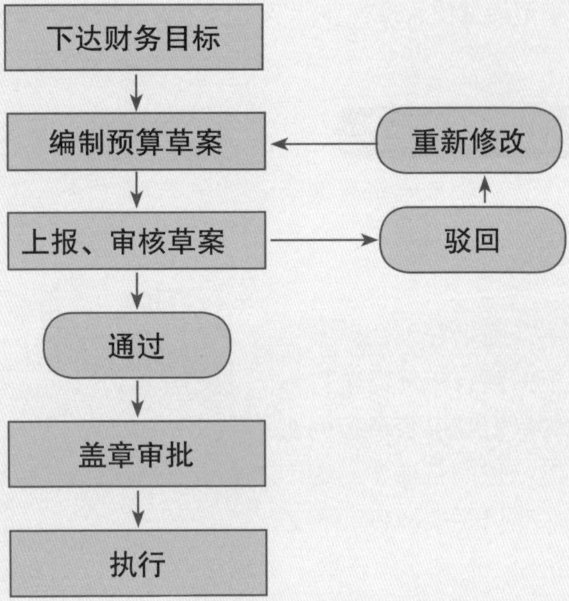

三种财务预算编制行为模式

财务预算编制有三种方式，分别是自上而下式、自下而上式和上下结合式。

（1）自上而下式

这种方式中，预算由公司高层根据战略需要制定，结合企业股东的意愿和市场环境提出。这种财务预算编制详细而全面，各个部门和人员只有财务预算执行和提供预算数据的权力，其他所有权力都集中在总部。该方式满足企业的战略发展需要，加强了对下属各单位的控制力度，缺点就是将权力高度集中在总部，不能发挥公司各个部分的财务管理的主动性和创造性，不适合公司的飞跃发展，也不符合人性化管理的时代要求。

（2）自下而上式

这种方式中，总部只发挥管理和交流中心的作用，财务预算管理是各部门管理和经营责任的一部分，主动性来自下级单位，公司高层只拥有最终审批和监督的权力。总部的责任是确认目标，并且为这个目标“担保”，而下级单位则是执行财务预算目标，并且为“担保”埋单。

Tips

自上而下一般发生在国有大型企业中，自下而上模式往往和连锁经营相结合，上下结合的方式则需要提前一到两个月来准备财务预算草案。

自下而上式的优点：充分发挥了公司各个部门的主动性，体现了人文管理和分权管理的魅力，还提高了公司下层的独立能力，有利于公司的快速扩张。缺点有：公司对下属单位和部门的管理力度下降；财务预算过宽，造成资源浪费；不能发挥出公司下属单位和部门的最大赢利能力，因为他们顾忌财务预算超标，或者会制造出逐月发展的业绩假象。

这种方式中总部对下级单位唯一控制的地方就是审批，必须在数据和预算方案最优的情况下才给予通过。

（3）上下结合式

目前，我国大部分企业实行的是上下结合式财务预算编制模式。

在财务预算的编制过程中，经历了自上而下和自下而上的来回流程，最后形成的预算方案就是上下结合式。采用这一方式的关键，不是上或者下的偏重，而是上与下的结合，即在预算方案中寻找出公司高层和下层的平衡点、整体战略和急速扩张的平衡点、人文管理和制度建设的平衡点。

这个过程是公司各单位和员工所拥有的数据、资源、状况和企业财务预算目标相互配合的过程，也是整个企业的财务总结按部门、层级、人员进行分解的过程。这种方式的优点在于能有效保证企业总体目标的实现，体现公平、公正原则，避免企业内部资源的不均衡，财务预算目标更加合理，资源得到最大限度的应用。缺点在于制定的时间长、成本高。

财务预算编制模式

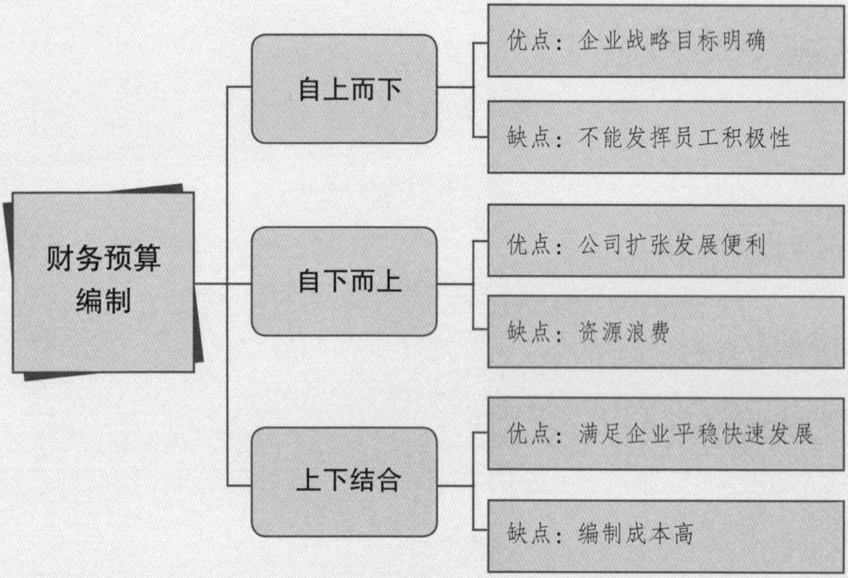

财务预算案例分析

财务预算方案在制定和执行的时候，会遇到各种各样的情况，甚至会因为各种不可抗拒的因素，让财务预算的作用和影响打了折扣，所以在财务预算的实际进行中，往往会在绝对指标上进行相对性参考。

财务预算编制说明

财务预算报告的第一页或者最后一页《情况说明书》是对年度财务预算报表的补充说明，是评估财务预算报表编制质量的重要依据，是年度财务预算报表的重要组成部分。

一份完整的预算编制说明应该包括以下内容：上年度财务预算工作情况总结、本年度预算工作组织情况、本年度预算编制基础、预算年度生产经营情况说明、预算年度主要财务指标说明、可能影响预算指标的事项说明、预算执行的保障和监督措施以及其他预算情况说明。

财务预算编制说明结构

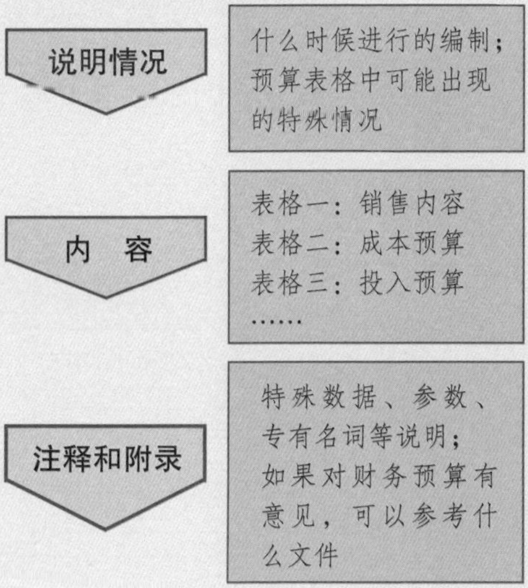

也就是说，财务预算编制说明是一个对财务预算表格所有内容的说明和补充，相当于财务报表的签章并起表头作用。而且需要注意的是，财务预算编制说明有固定的体例和规模，一家中型企业的完整年度财务预算编制报表大约为100页，编制报表说明的部分以及注释、附录

和参考资料大约为 20 页。

财务预算调降

从前文可以知道，财务预算的实质是企业和企业管理者在未来一个会计年度内，设定一个发展的目标（以数字来表示）。然而，在未来一个会计年度内，这个目标可能会实现，但是更大的可能是有些部分实现，有些部分没有实现，而对一个处于衰退期的企业来说，可能全部的预算目标都无法实现。这时就需要企业财务预算的调降。

一个专业的管理者或者有着成熟财务管理机制的企业，并不需要等到会计年度的结束，才意识到财务预算目标无法实现，所以这些企业往往会随着生产进行的不顺利，在季度结束后重新设定财务预算目标，就是财务预算调降。

假如某一家公司在上年度盈利 100 万元，春、夏、秋、冬四个季节盈利分别是 19 万元、31 万元、27 万元、23 万元，而这一年国家统计数据国民生产总值增长速度是 10%，该公司制定下一年度的财务预算盈利总额就是 110 万元。但是春季盈利为 20 万元，夏季盈利总额为 32 万元，意味着上半年财务预算增长幅度根本不足 10%，而且在下半年的时

财务预算调降分析

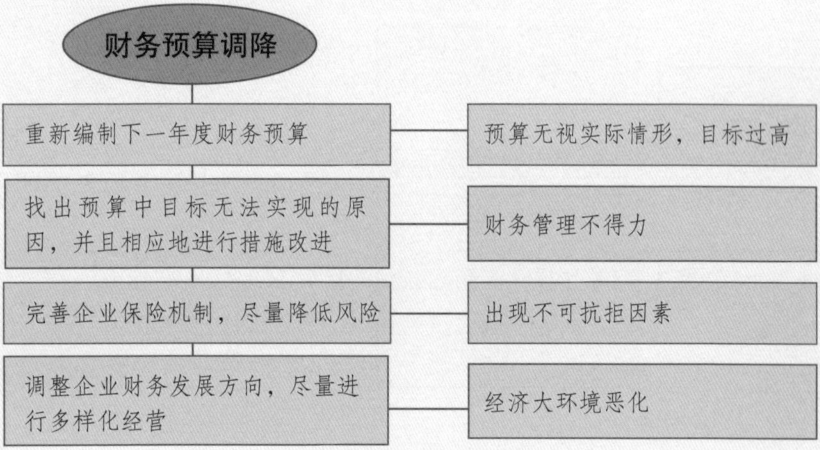

间增长幅度远超 10% 也不可能，所以在夏季结束后公司就调整了财务预算，将盈利总额变为 105 万元，然而到秋季因为行业环境恶化，或者不可抗拒因素的影响，盈利只有 25 万元，所以秋季结束后公司只能再次进行财务预算调降，将财务预算目标改为 102 万元。

一般来说，财务预算调降出现的原因主要有几个：第一是财务预算编制不成熟，预算目标过高；第二是行业环境恶化，或者宏观经济处于衰退期或者进入萧条状态；第三是出现不可抗拒的因素；第四最重要也是影响最大的因素就是企业财务管理出现问题，导致财务预算目标无法实现。

Tips

股民在选择股票的时候，如果对经济或者财务不是非常清楚，那么可以从边缘来了解上市公司的经营状况，其中重要的一条就是它们是否进行过财务预算调降。

More

不可抗拒因素

所谓不可抗拒因素，指的是“不能预见、不能避免和不能克服的客观情况”，按照相关规定，如果出现不可抗拒因素，那么所有的状况都需要重新计算。比如双方签订合同，如果出现不可抗拒因素，任何一方延期或者解除合同都属于合法。如果今年发生了地震，就很容易造成建筑公司的利润下降，或者因为房屋倒塌造成很多公司的资产缩水，这些情况下的财务预算调降都是正常的。

第6章

企业筹资管理

大部分的中小企业的创业基础都非常薄弱，而筹资对他们来说是一个必然经历的过程，同时这也是这些基础薄弱的企业在发展过程中的一个软肋。

对很多创业者来说，他们能有效地管理自己的资金，但是面对筹集来的外部资金则无能为力。对大部分的第一次筹资者来说，“什么时候需要筹资”“需要筹集多少资金”“这些资金该怎么使用”“到底筹集的资金对公司的发展起了什么作用”，这些问题都是筹资管理的重要内容。

本章教你：

- 筹资是怎样进行的？
- 筹资有着怎样的利益和风险？
- 筹资后管理该怎样变化？
- 筹资对所有者权益产生了什么样的冲击？

筹资的意义与分类

企业在发展壮大过程中，在越来越复杂的经济关系中，筹资是重要的一项。对员工、投资者、经营者来说，筹资有着不同意义，即他们对筹资有不同需求。市场上的筹资行为只可以在大体上进行分类。

企业加速发展的助推器

Tips

企业并不是发展越快越好，在求快的时候，稳也是重要的要求，所以筹资要有限度。

假如某个人独立创办了一家小公司，投资 50 万元，一年后发展顺利，获纯利润 20 万元。现在引入筹资程序，假设他向另外一个人或者机构筹资 100 万元，双方协商创业者占公司股份的 40%，而投资者则占剩余的股份，如果其他因素不变，一年后获 60 万元的利润，创业者能有 24 万元的纯利润。

滚雪球效应就是筹资的最大意义所在，它能让企业在本身资金不足的情况下，迅速地扩大生产资本，在短期内可以购入足够的原料，雇佣更多的人手，并且有更加集中的财富效应。而且在现代市场上，企业通过筹资可以迅速上市。

上市对企业来说，能让企业有着更好的影响力，可以更好地走入广阔的市场，并且会有源源不断的资金来源，所以对现今的一些企业来说，发展流程是这样的：创业——发展——筹资扩大——发展——筹资——上市，而上市之后则逐渐转入投资行业。总之，筹资可以让一个小企业在短期内变成大企业。

经营者的双刃剑

虽然筹资对企业来说是发展的助推器，但是企业和经营者之间并不能完全画等号，对经营者来说，筹资的利益和风险都无可避免。

筹资对经营者的利益来说，是伴随着企业发展而来的，在此不再叙述。筹资对经营者的风险主要来自三个方面：首先是筹资对象的问题，特别是在筹资市场不成熟、法制不健全的情况下，可能会因为筹资过程和筹资对象不合格而让公司陷入困境；其次是筹资之后，经营者突然接受并管理一笔巨款，心态发生变化，失去了创业之初的朴素作风和奋斗的动力，最后可能会因为资金问题而被拖下创业的舞台；最后一方面的风险来自经营权限。

从上文所举的例子中我们可以看到，经过第一轮的融资，创业者所掌握的股份从 100% 变为 40%，按照此比例关系，继续融资，创业者的股份就会降为 16%。现今大部分的企业在上市时，几乎没有创业者能够握有 20% 以上的企业股份。因为在股权上不占有优势，经营者很容易变成普通股东，丧失经营权，甚至在经济风波的背景下，连股权都被买断，被挤出自己的公司。

筹资对象不当产生的风险

筹资并不等同向银行借款，向其他个人或机构借款都伴随着各种风险。

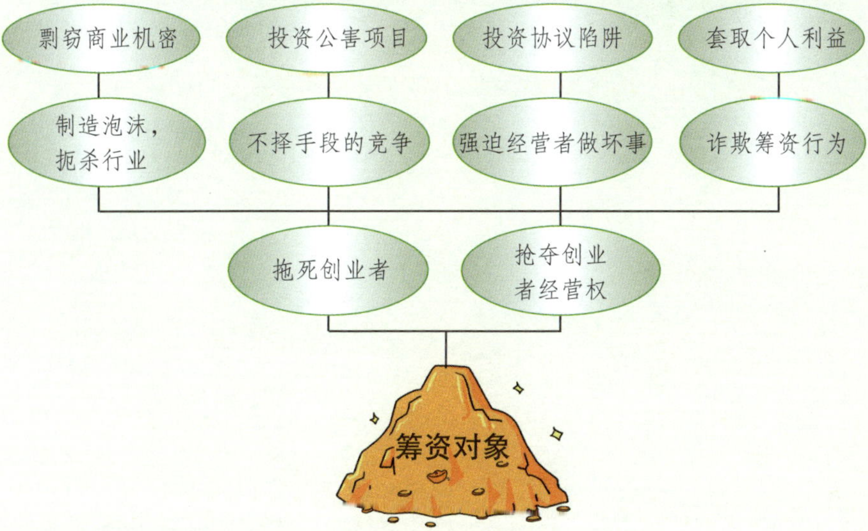

企业筹资的分类

企业筹资在实际操作的时候，根据不同因素，如资金多少、谁来筹资、怎样还款、资金用途等，可以分为不同种类。

根据企业所取得资金的权益特性不同，企业筹资可以分为股权筹资、债务筹资及混合筹资。股权筹资是企业依法长期拥有、能够自主调配运用的资本。债务筹资是企业按合同取得的在规定期限内需要清偿的债务，是企业通过向金融机构借款、发行债券、融资租赁等方式取得的资金。

根据筹资方式可以分为直接筹资和间接筹资两种，直接筹资是指企业不借助银行等金融机构，直接与资本所有者协商融资资本的一种筹资活动。间接筹资是企业从银行和非银行金融机构筹集资金。

根据资金来源范围不同可以分为内部筹资与外部筹资，内部筹资是指企业通过利润留存而形成的筹资来源，外部筹资是指企业向外部筹措资金而形成的筹资来源。

根据所筹资金的使用期限可以分为长期筹资与短期筹资，长期筹资是指企业筹集资金的使用期限在 1 年以上的筹资活动，短期筹资是指企业筹集资金的使用期限在 1 年以内的资金筹集活动。

筹资的分类

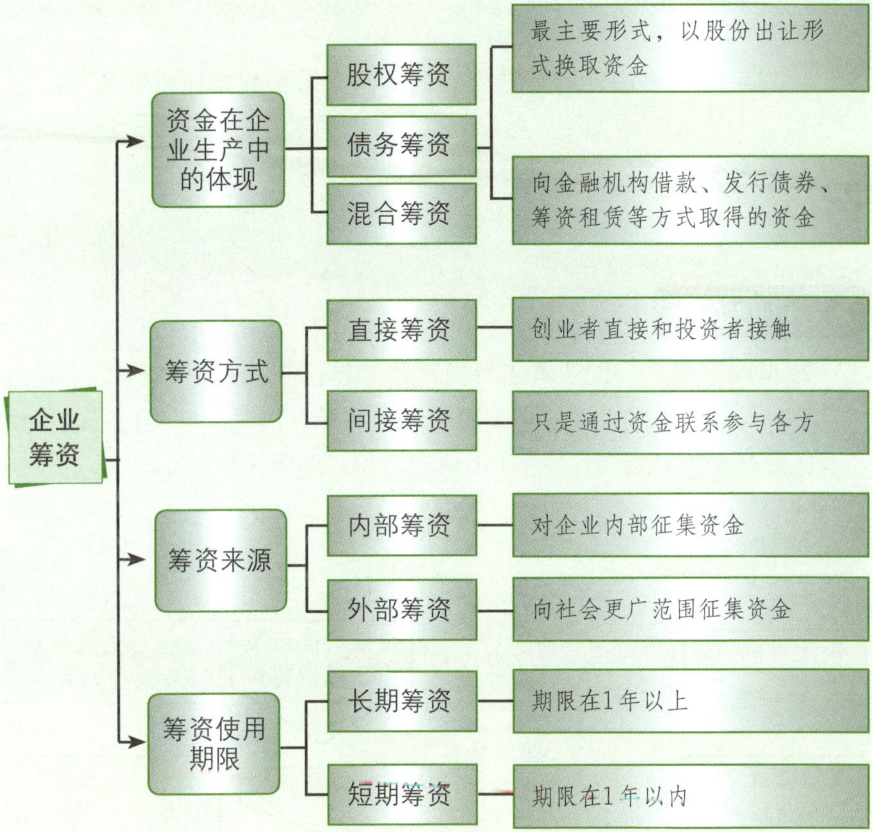
企业筹资
资金在企业生产中的体现
股权筹资
债务筹资
混合筹资
最主要形式，以股份出让形式换取资金
向金融机构借款、发行债券、筹资租赁等方式取得的资金
筹资方式
直接筹资
创业者直接和投资者接触
间接筹资
只是通过资金联系参与各方
筹资来源
内部筹资
对企业内部征集资金
外部筹资
向社会更广范围征集资金
筹资使用期限
长期筹资
期限在1年以上
短期筹资
期限在1年以内

筹资流程与方式

对经营者来说，筹资最困难的是向谁筹资和如何具体操作的问题。市场上的筹资流程是这样的：首先确定筹资对象和额度，其次选定筹资方式，再次进入拉锯过程进行筹资，最后对筹资进行管理。

筹资的流程

依据顺序先后，创业者需要做这些工作：确定目标投资者；准备融资文件；与投资者联系，给投资者做融资演示，向对方证明自己值得投资；后续会谈及尽职调查；合伙人演示及出示融资协议；谈判；签订法律

融资进行时

确定目标VC	根据自己的需求，选择筹资对象
准备融资文件	自己下好功夫，也是对未来资金管理的最初设想
与VC联系	公私交道都要打好
给VC做融资演示	最重要一环，直接交锋
后续会谈及尽职调查	迎接投资者对公司的调查
合伙人演示及出示融资协议	对投资人的投资条件进行选择
融资协议判断	双方谈判确定条款
法律文件	签订法律文件
融资到账	真正拿到钱了，才算完成筹资

注：风险投资（Venture Capital，缩写为VC）。

文件，资金到账。

不过这也不能概括筹资的全部工作，创业者还需要了解自己员工对筹资的看法、考虑资金到账后需要做些什么、假如筹资失败了怎么做等问题。

可转债筹资

我国企业目前主要有以下几种筹资方式：吸收直接投资，发行股票，利用留存收益，向银行借款，利用商业信用，发行公司债券，融资租赁，杠杆收购。其中前三种为权益筹资方式，在下面的章节中会介绍到，其余的属于应用最广泛的可转债筹资。

Tips

只有按照法律规定制定的筹资文件才具有法律效力。比如借款，我国只保护年利率不超过银行同类贷款利率四倍的借款，如果超出此利率，就属于高利贷，即使双方同意并签订文件，也不受到法律承认。

对大部分早期创业企业来说，可转债筹资方式是最好的选择。其原因是：

（1）可转债筹资可以避免给公司估值。尤其是对于初创公司，在募集种子期资金时，公司的估值可能很低，而且很难确定。这样，如果直接进行股权形式的筹资，就会对创始人的股份严重稀释。另外，公司可能会很快完成一个新产品的开发或新业务的拓展，或者其他重大里程碑事件。这些都会实质性地、有说服力地提高公司的估值。以可转债的方式可以避免估值问题，将投资人权利谈判推迟，并通过转股折扣或认股权证的方式给予可转债投资人相应的投资回报。

（2）省钱。公司可能没有太多的资金实力，不值得花时间和费用进行股权筹资。可转债的文件比 A 股股权简单，没有太多条款需要律师讨论，他们只需要修改一下样本文件即可。

（3）可转债是个有用的筹资工具，尤其是处于早期的创业企业。这种筹资方式可以让投资人在不必跟创业者谈判估值的情况下对企业进行投资，把估值问题留给后续投资人。对于早期公司来说，尽快获得资金、尽快将精力放在业务发展上，是至关重要的。

可转债筹资方式的优缺点

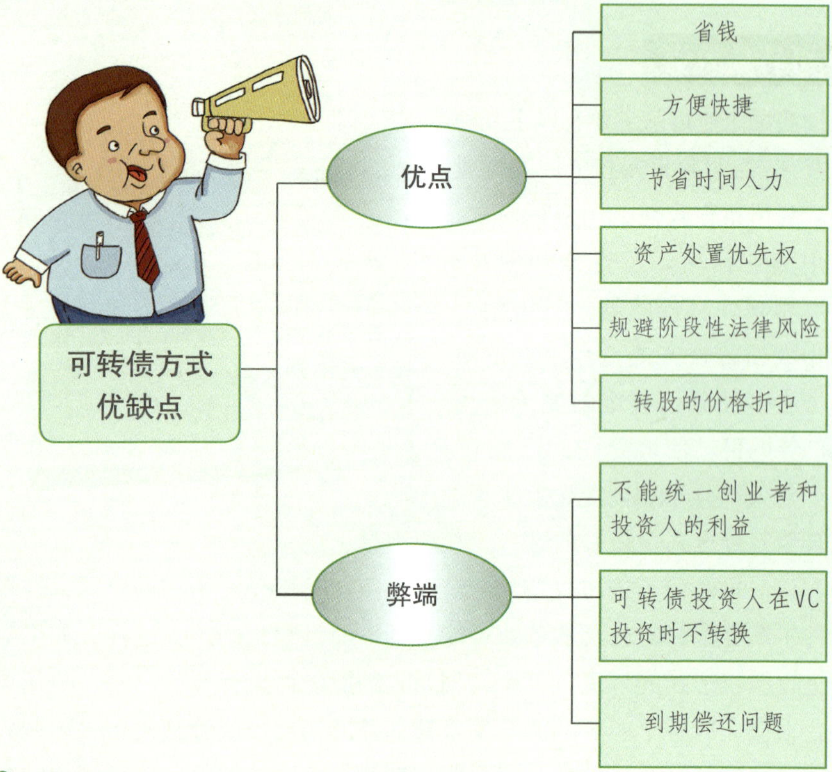

小故事

不对称的筹资

开办一家公司，最多筹资五次，其结果可能是发展成一个大公司或者公司垮掉了。而对投资者来说，每年可能得和多个公司老板接触，以寻找合适的投资项目。在筹资谈判过程中，双方并不对等，对筹资者来说，时刻要牢记一点：自己属于“弱势群体”。

筹资后资金管理

资金到账后，要谨记这部分钱不是白来的，所以对这笔资金的管理要严格，很多创业者接受融资后，就会立刻抛弃艰苦创业的作风，花起钱来大手大脚，最后造成经营不善，让筹资彻底成为悲剧，所以筹资成功后的管理必须严格。

经营者在开始筹资时，在筹资计划书中就要明确财务预算编制，对其进行详细的规定，而且越详细越好。在筹资成功后，经营者需要掌握两点：一是严格区分自己的资金和公司的资金，专门设立自己的一本账，计算公司的每一分利润中有多少是自己的；二是控制投资者在公司的影响力，即让投资者只能对公司的资金管理有监督权，而不是发言权。

不过归根结底，创业者需要保持艰苦奋斗的作风，要时刻谨记，即使获得了大量的资金，自己依然是个“小角色”，不能为了跟上“排场”，而消耗了属于自己的那一部分资金。

More

筹资文件

筹资过程是指联系以前根本不认识的创业者和投资者，而联系的纽带则是筹资文件。一般来说，筹资需求方也就是经营者需要准备下列文件：一两页篇幅的“执行摘要”，也可以叫作“鱼饵”文件，用来吸引 VC（风险投资）的目光，引发他们的兴趣；PPT 演示文件，用于面对面演讲，加深 VC 对公司的印象；调查文件，让 VC 对公司进行详细摸底；法律文件公司章程、销售合同、以前的投资协议等。

所有者权益资本筹资

所有者权益又叫主权资本、权益资本，在会计中称“所有者权益”，是企业依法筹集并长期拥有、自主支配的资本，一般包括实收资本、资本公积金、盈余公积金和未分配利润四个部分。在筹资管理中，所有者权益资本的筹集更加主动而且更有生命力，有着不同的意义和形式。

所有者权益资本筹资的定义

狭义的所有者权益资本筹资是由企业的所有者以资本作为本金投入，以发行股票方式筹集资本的一种筹资形式。广义的所有者权益资本筹资则还包括以企业内部未分配利润向内部员工进行的内源性筹资。

Tips

所有者权益资本筹资的风险是：一旦无法按期提供利息，那么发行的股票等就会贬值，并有可能在杠杆作用下让公司的资产双倍缩水。

所有者权益资本筹资是最主要的企业筹资途径，相比于债务筹资等形式，所有者权益资本筹资拥有以下特点：

对象是企业的所有者，所以无论筹集的资金多少，都不影响企业所有者对公司享有所有权。无论是什么企业组织形式，企业的所有者一般包括国家、其他企业、居民个人、外商等角色，在所有权和经营权并不重合的前提下，企业经营者或者说创业者完全拥有经营权，其他购买股票的投资者只能有企业的所有权。从法律规定和实际操作上来说，所有者对企业的所有事项拥有监督权，对重大事项享有决策权。所有者权益筹资方式对筹资发起者来说更加安全，即使筹资后经营失败，承担的责任也是有限的。

所有者权益筹资

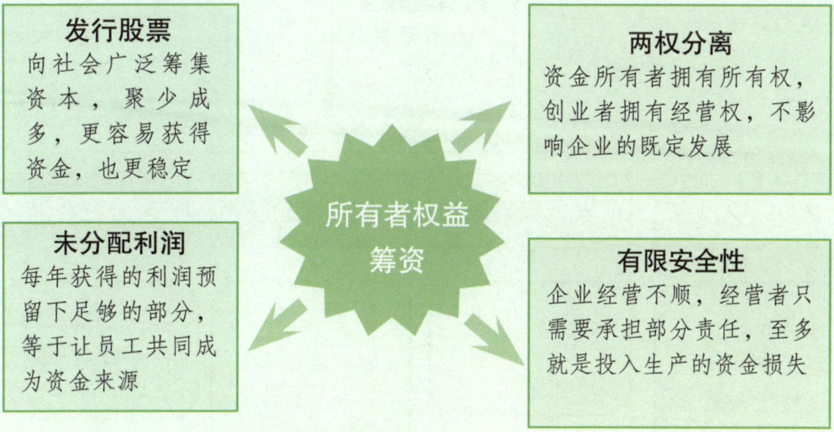

所有者权益资本的筹资方式

在具体管理上，所有者权益资本的筹集分为直接吸收，发行普通股，发行优先股和利用留存收益四种方式。

直接吸收投资是指企业直接吸收国家、法人、个人投入资金的一种筹资方式。

股票是股份公司为筹集基金而发行给各个股东作为持股凭证并借以取得股票和红利的一种有价证券。普通股股票，是公司发行的股东享有平等权利和义务、不加特别限制、股利不固定的股票。发行普通股股票（简称普通股）是股份有限公司筹集权益资金最常见的方式，企业发行普通股股票筹集的资金成为普通股股本。优先股股票，是一种兼具普通股票和债券特点的有价证券。优先股股票募集的资金成为优先股股本。

未分配利润，是指公司以税后利润支付股东的股利后，剩余的可由公司自由支配的利润。未分配利润是公司最主要的权益，也是重要的权益筹资方式，公司可以以其为抵押，向其他机构或个人举债筹资。

所有者权益筹资分类

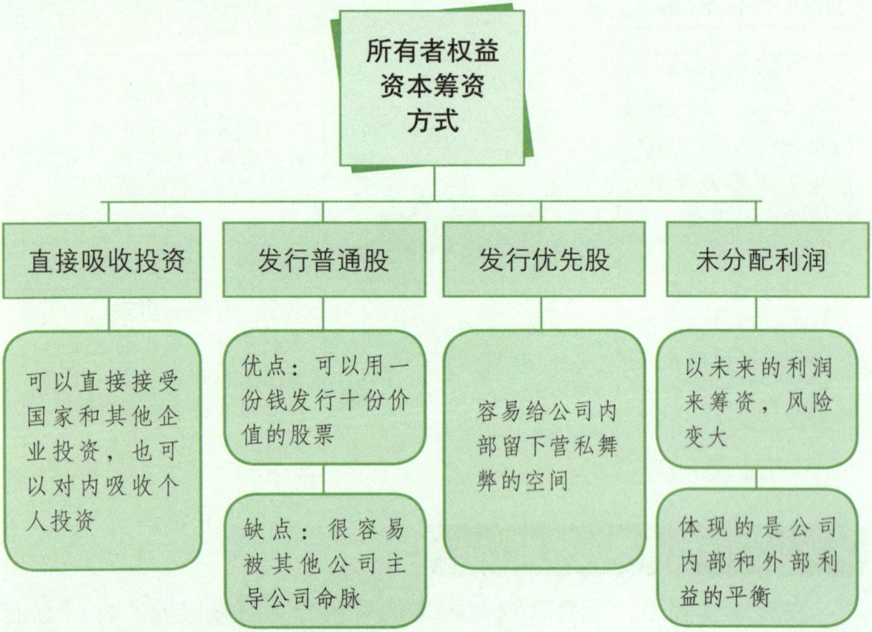

所有者权益资本筹资成本

企业在进行资本筹资的时候，都需要为这些权益资本付出利息，即所有者权益筹资都需要成本。这些成本根据内容不同，计算的方式也各不相同。

（1）资金成本率

资金成本率＝资金占用费／（筹资总额－筹资费用）＝（筹资总额×资金使用报酬率）／[筹资总额×（1－筹资费用率)]＝资金使用报酬率／（1－筹资费用率）

(2) 债券成本

利用债券筹资时，要注意以下几点，债券利息可以抵算税收，而且在债券回收的时候，由于存在平价、溢价、折价发行债券，债券面值总额与筹资总额不一定相等，即分子的债券面值与分母的债券价格不一定相等的问题。

债券成本 = [年利息 ×（1− 所得税税率)] / [债券筹资额 ×(1− 债券筹资率)] ×100%

(3) 银行借款

银行借款成本 = [年利息 ×（1− 所得税税率)] / [银行借款筹资额 ×（1− 银行借款筹资费率)] ×100%

(4) 优先股成本

优先股成本 = 优先股每年的股利 / [发行优先股总额 ×（1− 优先股筹资费率)] ×100%

负债资本筹资

当企业投资收益率超过负债经营所花费的成本时，企业就会采用负债筹资的经营方式，通过杠杆作用，可以为自有资本带来更高的收益。

短期借款

短期借款和商业信用是企业筹集短期资金的主要方式。这种方式筹集的资金主要用于满足企业因临时性或短期资金流转困难而产生的资金

短期借款的利率计算方法——单利法

定义

单利法是指企业在借款合同开始时得到了全部借款，到期日企业以规定的利率计算利息，然后将本息一并支付给银行。

特点

当短期贷款期限等于1年时，名义利率与实际利率相等；当短期贷款期限小于1年时，实际利率会高于名义利率。而且，期限越短，实际利率与名义利率的差距越大。

计算公式

$$实际利率=\left(1+\frac{名义利率}{m}\right)^{m}-1$$

$$=\left(1+\frac{10\%}{4}\right)^{4}-1=10.38\%$$

（注：m为一年中的借款次数）

需求。它具有筹资速度快、筹资富有弹性、筹资成本低、筹资风险高等特点。

按照国际通行做法，短期借款按偿还方式不同，分为一次性偿还借款和分期偿还借款。按照利息支付方法不同，分为收款法借款、贴现法借款和加息法借款。按有无担保品分为抵押借款和信用借款。我国目前的短期借款按照目的用途不同可分为若干种，主要分为生产周转借款、临时借款、结算借款、借据贴现贷款、专项储备借款、预购定金借款和卖方信贷。企业在申请借款时，应根据各种借款的条件和需要加以选择。

短期借款的资金成本体现为使用贷款的实际利率。由于借款期限、付息方式等因素的影响，短期贷款的实际利率经常与名义利率存在差别。短期贷款利率的计算方法有单利法、贴现法和分期偿还法。

长期借款筹资

长期借款是股份公司筹措长期负债资本的重要方式之一。按照用途，我国目前各金融机构提供的长期借款主要有：固定资产投资借款、更新改造借款、科技开发和新产品试制借款等。

长期借款的利息率通常高于短期借款。但以较好的信誉或抵押品流动性强为借款条件，仍可争取到较低的长期借款利息。长期借款利率有

小故事

保护性条款

由于长期借款的期限长、风险大，按照国际惯例，银行通常对借款企业提出一些有助于保证贷款按时足额偿还的条件。这些条件形成了合同的保护性条款。晚清著名的红顶商人胡雪岩倒台就是因为他的集团和其他钱庄的保护性条款，没有按时还款，被收买股份，最后引发挤兑风潮。

固定利率和浮动利率两种。浮动利率通常有最高、最低限额，并在借款合同中明确。对借款企业来讲，若预测市场利率将上升，应与银行签订固定利率合同，反之应签订浮动利率合同。

长期借款筹资的优缺点

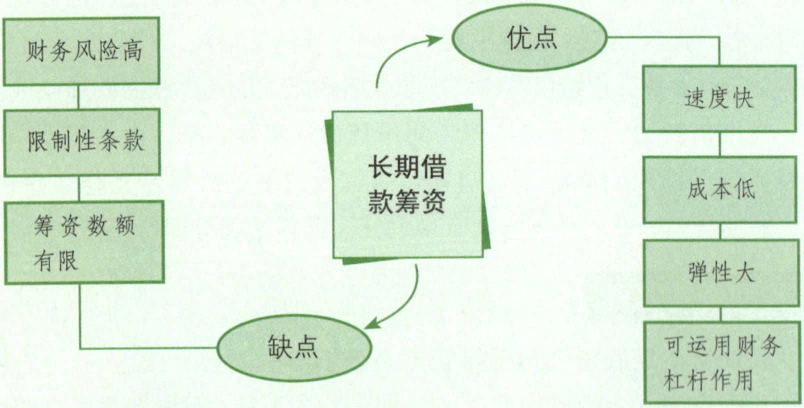

融资租赁筹资

融资租赁又称设备租赁，是指实质上转移与资产所有权有关的全部或绝大部分风险和报酬的租赁。

融资租赁中租赁物一般由承租人向出租人提出正式申请，租赁合同比较稳定，而且租赁期限长，有利于企业资金的连续和财务预测。租赁期满时，按事先约定的办法处置设备，一般有作价购入、退还和续租三种选择，通常由承租企业低价买下，所以相对来说残值的计算价格会更高。

Tips

在杠杆租赁形式下，出租人一般只支付相当于租赁资产价款20%～40%的资金，其余60%～80%的资金由其将欲购置的资产作抵押，并以转让收取部分租金的权利作为担保，向资金出借者借资支付。

根据租赁方式不同，融资租

赁有四种：直接租赁，出租人向设备制造商购进设备后直接出租给承租人使用；售后租回，承租人由于资金的需要将原属于自己且需继续使用的设备卖给出租人（需要签订销售或购买合同），然后再将其租回；转租赁，租赁公司同时兼备承租人和出租人双重身份；杠杆租赁，杠杆租赁要涉及承租人、出租人和资金出借者三方当事人。

融资租赁的流程

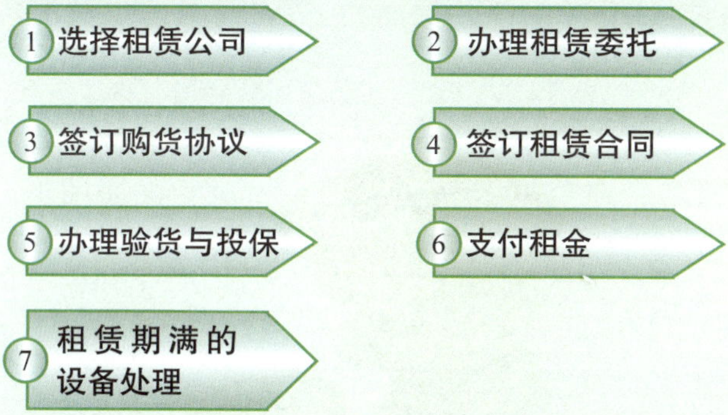

More

租金

租金在筹资中有着不同的意义。在租赁筹资方式下，承租企业要按合同规定向租赁公司支付租金。租金的数额和支付方式对承租企业的未来财务状况具有直接的影响。融资性筹款的租金包括设备价款（设备的买价、运杂费和途中保险费）和租息两个部分。

租金的多少还和支付时间、支付方式相关，先付租金、直接付款下租金下降。租金多少和手续费用无关，因为租赁的手续费用基本上由承租公司承担。

第7章

企业投资管理

虽然对企业来说，发展的资金总是不够的，也就是绝大多数企业都是背负融资外债的，然而这并不妨碍企业用借来的钱进行投资。从大市场环境分析，可能有A企业欠B企业100万元，而B企业的股份中30%又为C企业所控制，而C企业本身是个大集团，他从A、D、E等企业赊了很多账，不过也同时控有B、F、G等企业的股份。

本章教你：

- 企业该选择什么样的投资？
- 企业投资有着怎样的风险？
- 怎样对投资进行管理？
- 管理不当会造成怎样的灾难？

对企业管理经营来说，投资和筹资是两个对立面，如果没有对其他企业的投资而只有融资，说明企业负债，而只有投资而没有融资，说明企业的主营业务缺乏发展动力。因此，对经营者来说，企业投资财务管理是财务管理的重要部分。

企业投资管理概述

成熟的企业不可能在一个时间段内，把所有的资金都投入到主营业务中，没有投入的资金就变为闲置资金。除了留下必要的风险准备金外，可以将这部分资金以投资形式放入市场。对这部分资金的管理就是企业投资管理。

什么是企业投资

企业将资金投入到市场或者合作方的生产中，就是企业的对外投资，企业添加各种生产设备、工具，购买土地、厂房等固定资产就是企业的内部投资。内部投资和外部投资合称为企业投资。

Tips

某些企业比如金融公司，它们本身并不参与生产，只能通过企业投资获利。

根据投资的回收时间，企业投资可以分为短期和长期两种。短期投资是指在一年以内收回的投资，主要指对现金应收账款、存货、短期有价证券等的投资。长期投资是指一年以上才能收回的投资，主要指对房屋、建筑物、机器、设备等能够形成生产能力物质技术基础的投资，也包括对无形资产和长期有价证券的投资。

一般而言，长期投资、对外投资风险高于短期投资、对内投资，与此对应，长期投资、对外投资收益通常高于短期投资、对内投资。长期投资中对房屋、建筑物、机器、设备等能够形成生产能力的物质技术基础的投资，是一种以特定项目为对象，直接与新建或更新改造项目有关的长期投资行为，且投资所占比重较大，建设周期较长，所以被称为项目投资。

企业投资的特点

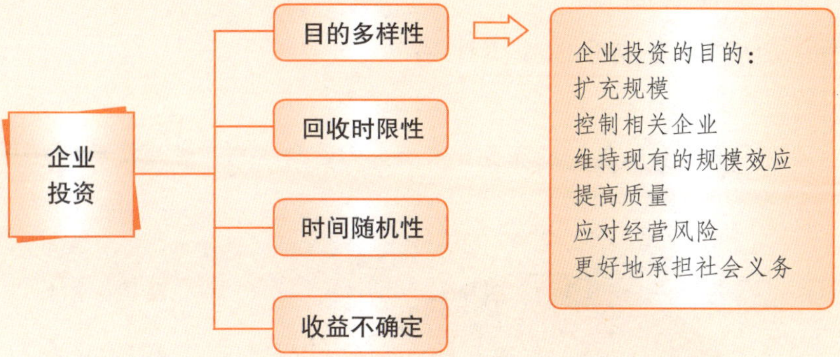

影响企业投资的因素

我国很多企业在对外投资上，对风险的认识不足，盲目投资，导致企业投资损失巨大，财务风险不断，而对内则着迷于房地产市场，大量购置固定资产，导致企业流动资金不足。之所以出现这种现象，是因为相对于主营业务，大部分企业对投资并不熟悉，而企业投资比主营业务更加复杂。

企业投资的根本目的在于收益，然而相对于企业生产经营活动，企业投资收益并不确定。这就要求企业在投资方案的选择上必须根据投资收益的大小做取舍，要以投资收益具有确定性的方案为选择对象，要分析影响投资收益的因素，并针对这些因素及其对投资方案作用的方向、程度，寻求提高投资收益的有效途径。

在投资过程中，经济因素、自然因素、政治因素、社会因素、自身因素、规模因素等交织在一起，共同构成风险，而这个风险往往在投资发生时不可预测，所以企业经营者在风险和收益之间往往不容易做出取舍。

另外，企业投资还是一种有弹性的资金活动。投资弹性分为两部分，一是规模弹性，要求企业投资必须根据自身资金多少和市场资金状况随时进行扩张或者收缩；二是结构弹性，企业必须根据市场变化及时调整现存投资结构，确保企业的速动比率和流动比率稳定。

我国2009年各类企业投资比率

国有企业资金雄厚，投资多，中小企业资金不足，对外投资行为少。

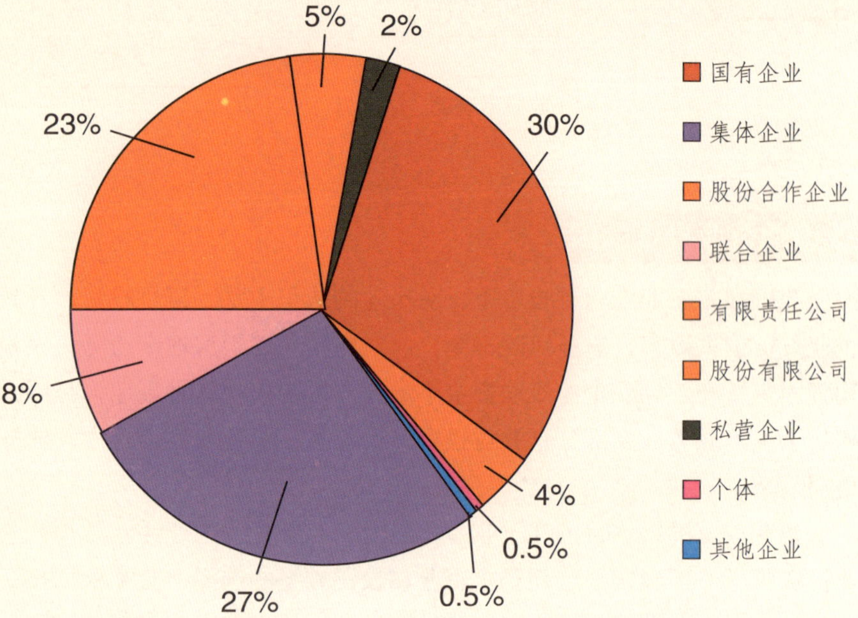

投资管理的特点

相对于财务管理的其他项目，企业投资管理有更加外向的特点。

在企业投资管理中，经营者正确把握投资机会及市场不断变化和发展的趋势，产生出一个又一个新的投资机会。投资机会是企业投资活动的起点，也是企业投资决策的关键。财务管理人员必须认真进行市场调查和市场分析，寻找投资机会，并要从动态的角度加以把握。

投资收益的增加是以风险的增加为代价的，而风险的增加会引起企业价值的损失，比如公司员工凝聚力下降、股票贬值甚至合作方不信任，不利于财务目标的实现。企业在进行投资时，必须在考虑收益的同时认真考虑风险，只有在收益和风险达到比较好的均衡时，才有可能不断增加投资效益，实现财务管理的目标。

企业投资程序和投资管理

确定目标	在投资过程中必须牢记目标，不能因为收益大而盲目追加投资
搜集信息	投资过程中，随时根据信息改变投资结构
初步评价	企业的财务管理机制必须在投资方案中有所体现
提出方案	建立数学模型对各方案的现金流量进行计算、比较和分析
最优选择	每个企业因为自身因素和管理方式的不同，都必须寻找适合自己的投资方案
反馈信息	企业一旦开始投资就是连续的过程，要回收投资信息，为下一轮投资做准备

More

投资管理公司

投资管理公司是一种新型的投资控股公司，英文缩写为PIMC。这些公司能够为其他公司提供战略策划以及资金引进等帮助，从而实现公司的复兴，并在这个过程中收取一定的费用或者股份。投资管理公司是接受公司投资然后再主动向其他资金不足公司投资的企业，即是企业投资的中介机构。目前我国最著名的投资管理公司是深圳创新投资管理公司。

固定资产投资管理

固定资产投资是企业对内投资的一部分，相比其他投资活动，固定资产投资的期限比较长，其收益和风险是每个阶段都有体现的，而且金额大、涉及的范围广，因此经营者对固定资产的投资管理应更加谨慎。

什么是固定资产投资

固定资产投资是指企业为生产产品，提供劳务、出租或者经营管理而持有的，使用时间超过 12 个月的，价值达到一定标准的货币资产，包括房屋、建筑物、机器、机械、运输工具以及其他与生产、经营有关的设备、器具、工具等。不属于生产经营主要设备的物品，单位价值在

固定资产的分类

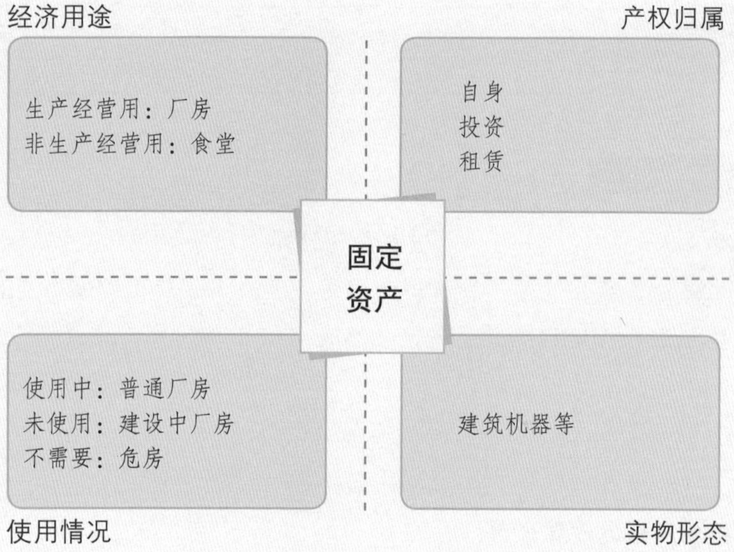

两千元以上，并且使用年限超过两年的设备也可以算作固定资产。固定资产是企业资产最重要的部分，如果缺少，将无法进行正常的生产经营活动。

Tips

虽然大部分电脑价值在 2 000 元以上，而且不只使用一年，但是这只能算作办公设备，却不是固定资产，因为电脑的最优使用期限是 1 年。

企业对固定资产的投资建设就是固定资产投资。固定资产投资是建造和购置固定资产的经济活动，即固定资产再生产活动。固定资产再生产过程包括固定资产更新（局部和全部更新）、改建、扩建、新建等活动。固定资产投资是社会固定资产再生产的主要手段。

固定资产投资额和计算

固定资产投资额是以货币表现的建造和购置固定资产活动的工作量，它是反映固定资产投资规模、速度、比例关系和使用方向的综合性指标。在企业的财务管理中，固定资产投资额并不是一次性的投资，它

小故事

折旧“糊涂账”

某公司在 20 年前，投资 400 万建造了一栋大厦作为员工居住楼，每年进行维修，维修费用由员工承担。现在公司改组，不再提供住房，将大楼重新装修后，转手卖给员工，获利 300 万元，不过又留出几间房作为单身职工宿舍，预计可以使用 40 年。在这 20 年里，一次大火使大厦几乎被烧毁，保险公司赔偿后，进行了一次翻新……

在现实中，固定资产使用期限太长，所以什么样的情况都可能发生，折旧率的计算非常复杂。

可能需要不断地追加投资以进行维护，也可能暂停等待进一步批示，所以固定资产的计算分为原始额和折旧比率两个方面。

原始额也称历史成本、原始成本，它是指企业为取得某项固定资产所支付的全部价款以及使固定资产达到预期工作状态前所发生的一切合理、必要的支出。采用原始价值计价的主要优点在于原始价值具有客观性和可验证性。比如一家企业买入一台大型机器，共 500 万元，然后预估可以使用 10 年，每年的维修费用为 10 万元，而且在这台机器正式工作前需要辅助设备（价值 20 万元），那么在账务中，这笔固定资产

固定资产的折旧计算

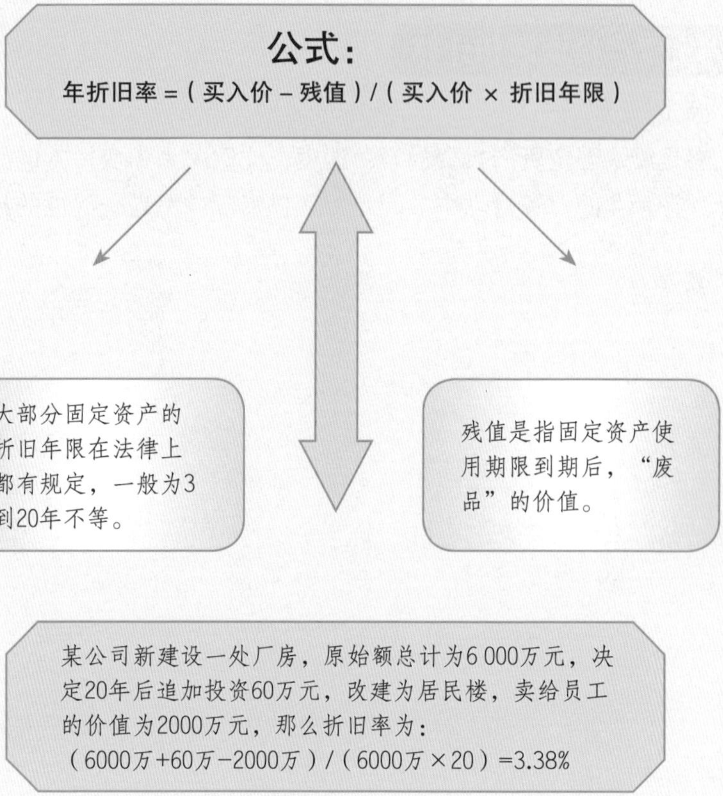

投资的计入就应该是620万元。

折旧指的是物品在使用过程中会发生磨损、消耗等现象，而这种现象就是物品本身价值的流失。固定资产因为使用的年限比较长，而且相对来说每年折旧比较均匀，所以在计算中，往往以年折旧率来表示。

Tips

大部分的固定资产使用得越多，折旧率越高，而有些则是使用时比不使用的折旧还少，比如房屋，如果没有人居住，更容易老化，所以它们的折旧率是固定的。

固定资产投资管理

企业必须在经营中改革固定资产投资管理的体制，在财务管理机制内真正实现企业生产经营由粗放型向集约型、外延型向内涵型的转变，也就是由需要多少就投资多少的观念转变为投入多少就应产生多少效益的观念；由唯一注重固定资产增量投入的投资管理机制转变为盘活固定资产存量资产和固定资产增量投入相结合的投资管理机制；由运用传统的计划管理模式进行固定资产投资管理转变为运用资产经营管理模式进行固定资产投资管理。

固定资产投资管理日常包括三个部分内容：固定资产投资计划管理、工程项目和设备投资管理、固定资产投资的统计与考核。

值得注意的是，我国固定资产投资管理的盲区就是统计与考核。固定资产投资统计工作是投资计划执行情况的综合反映，根据《中华人民共和国统计法实施条例》的要求，公司的各个部门需及时、准确、全面地编报固定资产投资统计报表，而且要求统计报表按月报送，具体时间当地统计局规定为准。待公司计划、财务部门共同对全年完成情况核准后，编制正式年报，这种时时跟进的方式可以让公司在固定资产投资上避免出现管理混乱问题。

无形资产投资管理

随着网络技术和市场经济的发达，资产投资的交易更加频繁，规模更大，同时也在向无形资产投资过渡。相比较之下，无形资产投资没有实物，投资的风险更高，而且也更难琢磨。

什么是无形资产

无形资产是指由特定主题控制的，不具有独立实体，而对生产经营长期发挥作用并能节省经济效益、经济资源的资产。

无形资产涵盖的范围越来越广，但主体依然是专利权、版权、特许权、租赁权、商标权等。企业越大，所拥有的无形资产种类越齐全；企业生产过程中高新技术比率越大，那么拥有的无形资产比重越大；企业的业务范围越单一，资本中的无形资产越少。

和其他资产相比较，无形资产的特征：非实体性，无形资产没有人们通过五官可以感受到的物质形态，体现出的是一种社会关系，同时在

小故事

合并商誉

如果我有一个苹果，你有一杯牛奶，我的苹果分给你一部分，你的牛奶分我一部分，最终结果是我们依然只有一个苹果、一杯牛奶，而且还可能因为交换把苹果弄坏了，把牛奶洒了。而无形资产不同，两个企业各有自己的人脉、商标、专利等无形资产，交换就会产生强强联合的效果，两个企业的名声会更加响亮，这就是无形资产的特征之一——高效性，合并会产生新的商誉。

使用时不会产生消耗，而且消失时也不会报废；垄断性，无形资产往往受到法律保护，被企业独占，而且和企业的技术保密连接在一起；不确定性，无形资产受到市场环境的影响，而且有效期不确定；共享性，企业可以和其他人共享自己的无形资产，不会造成资源的抢夺；高效性，企业无形资产的获利能力很高，而且比率关系是倍数发展的，不是线性上升的。

无形资产的特征

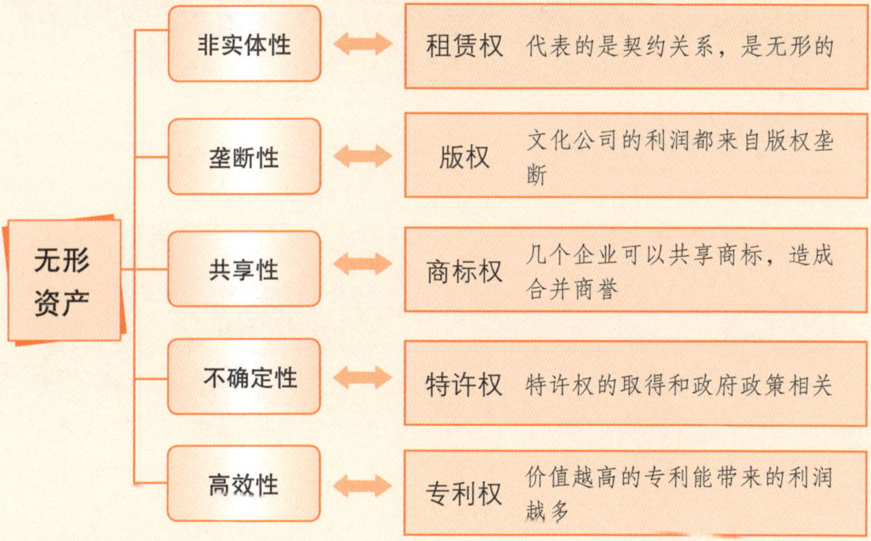

无形资产投资方法

企业的无形资产投资是指企业以自身所有的专利权、非专利技术、商标权、土地使用权等作为资本，和其他企业或者个人谈判，按照双方都可以接受的数额来确定这部分无形资产的价值，这个过程必须以文件来确定。

无形资产投资最常使用的方法是净现值法。净现值法要求无形资产投资行为出现后，将每个时间段现金流量变化按照期望的报酬率或资金成本率折合成现金值，得到投资方案的最大净现值，然后将净现值和无投资状态时的值进行比较，从而得出最佳的投资方案。

除此之外，无形资产投资还经常使用投资回收期法。本方法是以时间为基准，根据企业原始投资额所需要的时间跨度来为无形资本投资进行决策。因为相对于其他的有形资产投资，无形资产的投资所面对的风险更大，所以投资回收时间越短，越容易规避风险，越容易赚取更多的利润。

投资回收期法的计算公式是：投资回收期等于企业的投资总额和每年的现金流入量的比例。投资回收期的计算中，必须假定无形资产的投资每年带来的利润是相同的，然而这在现实中也是不可能发生的事情，所以每年现金流量是累计的现金流量在投资年限中的平均值。

净现值投资计算公式

$$NPV=\sum_{t=0}^{n}(CI-CO)_t(1+ic)^{-t}$$

$(CI-CO)_t$：第t年净现金流量
ic = 基准收益率或贴现率
n：方案计算期

NPV：净现值
i：贴现率
n：投资方案寿命期

当$NPV>0$时，表示该投资方案可行；当$NPV\leqslant 0$时，方案不可行。在多方案的选优决策中，只要不是互斥方案，就可将净现值最大化作为决策依据。

无形资产投资管理

相比于企业的其他资产，无形资产所包括的种类更多，所以投资形式也多，而且投资期限不能确定，获得收益的时间长短和收益多少也很难确定，所以无形资产投资更加复杂，更难进行具体数据的计量，管理也更加困难。

对于无形资产，无论是购入的还是自己生产的，还是同其他单位一起投入的，在进行交割的时候，都需要办理合法的手续，并要求按照实际价值入账，或者由特定的评估机构进行价值评估。

Tips

我国法律规定，企业进行无形资产投资时不得超过企业注册资金的20%。如果特殊情况，则需要向有关部门申请，但是最高额度无论如何不得超过30%。

在无形资产投资使用过程中，也要对其进行管理。管理的目的一方面是挖掘潜力，竭力提高无形资产的利用率，另一方面还要进行细化管理，把无形资产的投资细化到各个部门，比如技术部门管理专利权，生产销售部门管理场地使用权，商标则由销售部门进行管理。这样在明确责任的同时，也能提高企业无形资产的利用率。

More

无形资产的有效使用年限

企业对无形资产的使用年限不能超过法律规定的年限，而在法律对此没有明文规定的时候，就必须以合同中的年限规定为准。如果法律和合同中对无形资产使用年限都没有规定，那么默认为不少于十年。

证券投资管理

对企业来说，最经常接触的投资就是证券投资，包括股票、债券等。特别是对一些新型企业和金融企业来说，证券投资才是公司的主营业务，了解并分析公司的证券投资既可以看出企业的营业能力，又能找出公司的发展方向。

企业选择的证券投资

证券投资是一种间接投资，是指企业法人购买股票、债券、基金等有价证券，以及其他金融衍生产品，并希望获得红利、利息等资本利润的投资行为。

证券投资关系是由三方面构成的：发行者、中介人和投资者。对大部分企业来说，它们既是投资者也是发行者，一方面发行自己的股票和债券，另一方面又购买其他公司的股票和债券。

对企业投资来说，选择何种证券作为投资对象，主要从风险、时间和收益三个方向进行考虑。当然对企业来说，期望的是风险小、时间短、收益高的证券，不过在金融市场中这三者往往是不能同时成立的。

股票时间短、收益高但是风险大；国库券回收的时间长、收益率低，但是风险低；保险产品风险低，但是时间长而且收益低。

企业选择证券还要考虑企业本身的要求，比如资金周转期长的重工业企业就可以选择时间期限长的产品，而对一些高新技术行业，资金周转速度快，可能随时要偿还债务，或者需要购买原材料，因此就应该选择时间短而随时可以变现的高收益证券产品。

各种证券产品三要素比较

企业证券投资	时间	收益	风险
股票	随时可以变现	高	大
期货	固定期限，时间短	高	大
基金	时间长度适中	低	小
债券	时间长	低	小
权证	时间长	低	小

炒股和创业悖论

虽然大部分企业生产和证券投资两手抓，特别是炒股，然而从经济学理论上来分析，炒股和创业之间存在不可调和的矛盾。

股票和创业悖论

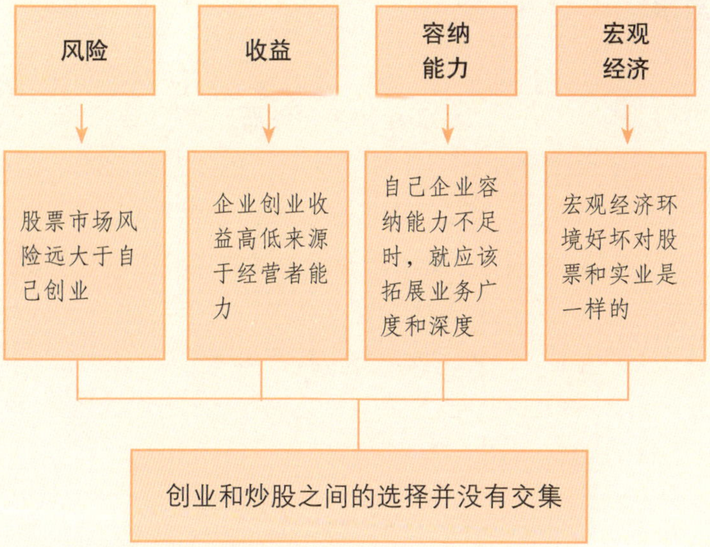

假设某个企业有资本100万元，其中50万元投入公司的实业，另外的50万元投入股票市场。如果该企业的经营人认为自己的创业能力比别的公司强，就应该把全部资本投入公司实业，如果他认为在股票市场上能比生产获得更高的回报，就应该把所有的资本投入股票市场。

现实中的企业经营者会做出炒股和创业同时进行的决策。

利益最大化

对企业来说，证券投资的目的是取得收益，将企业主营业务所需要的剩余资金灵活地运用，在这个过程中，必须要通过证券投资的灵活性和多样性来降低风险，让剩余资金作为企业的第二储备，来补充企业资产的流动。

根据公司证券投资的目的，证券投资必须坚持下列原则：效益与风险最佳组合原则，风险和收益成正比，所以要寻找其中的平衡点；分散投资原则，证券的多样性是合理利用资金的基础；理智投资原则，任何证券投资都有风险，所以做出决策时必须谨慎。

在所有的投资原则中，最主要的一条，也是证券投资最主要的目标

小故事

五个海盗分钻石

假设五个海盗抢劫了100颗钻石，他们对共同分配这些钻石提出的原则是，从一号到五号，依次提出分配方案，如果多数人同意，那么就能通过。问题是，第1个海盗应该提出怎样的分配方案才能实现自己的利益最大化呢？表面上每个人独吞而其他人得零才是最大的利益，但是也要冒着被其他海盗干掉的危险。如果仔细分析，就可以得出符合五个海盗最大利益化的分配方案是97颗、0颗、1颗、2颗、0颗。

就是利益最大化。经营者所做出的决策必须是在利益最大的时候降低风险，或者在风险最大的时候尽可能扩大自己的利益。

证券投资程序

企业的证券投资有固定程序，不能和具有灵活性和随意性的个人证券投资相比。

第一步，公司需要选择投资对象，这个过程必须根据自己公司的状况和投资目的的不同进行抉择；第二步是企业在银行设置账户或者寻找证券投资委托人，因为我国目前的股票、债券、基金等主要证券都要求以现金通过账户进行；第三步是交割和清算，2009 年，我国上海、深圳的股票交易都已经实现了无纸化和股票集中托管制度，投资者手中的证券受到特定部门的统一管理；第四步是过户，现今股票电脑交易过户一体化已经全部完成，电脑在买卖成交时进行自动过户，但是也需要企业缴纳一定的过户费。

证券投资程序

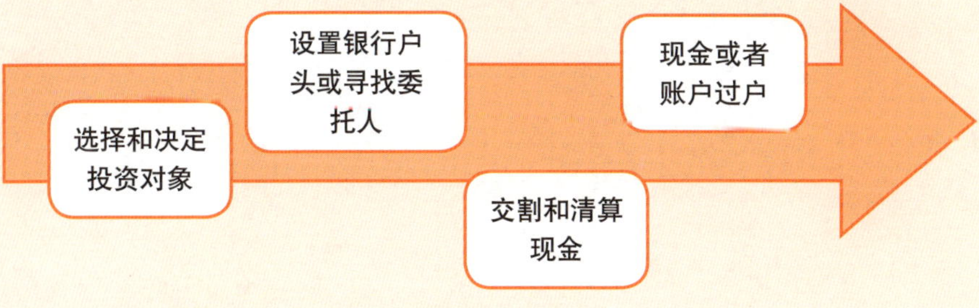

第8章

企业财务风险管理

财务管理中任何收益都是伴随着风险的。在进行企业财务管理时，必须有足够的风险意识。

公司的股份在未来一个月会上涨还是下跌？汇率变动，是换外币还是换本币？税率提高，还要继续扩大生产吗？……只有识别风险、规避风险，才能真正做到从市场的风险里火中取栗。

本章教你：

▶企业经营中有着怎样的风险？

▶企业财务会面临着怎样的风险？

▶财务风险管理有什么样的方法？

▶财务风险和收益怎么寻找平衡？

财务风险管理概述

财务风险管理指的是企业经营者对企业财务行为中可能存在的各种风险进行调查和识别，并采取恰当有效的方法对企业财务风险进行防范和控制，让企业的生产经营活动顺利进行，避免出现经济损失的过程。

什么是财务风险管理

财务风险管理是风险管理的一个部分，是一种特殊的管理行为，也是在风险管理认识和现代市场研究基础之上发展起来的一门新的管理学科。财务风险管理是指经营主体对在理财过程中存在的各种风险进行识

财务风险管理的结构

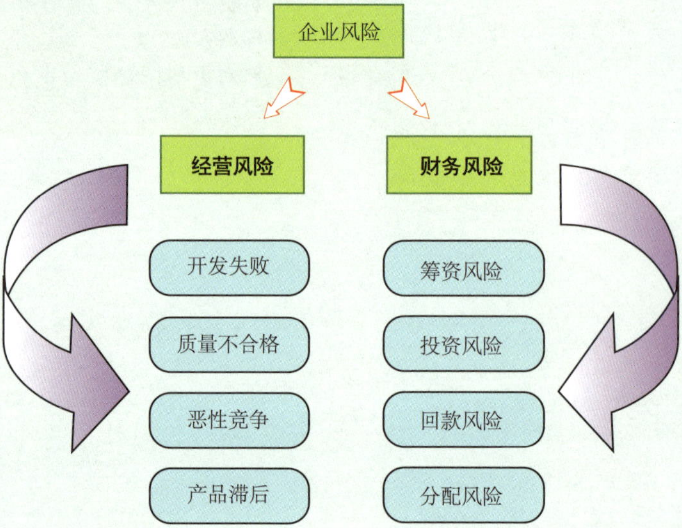

别、度量和分析评价，并采取及时有效的方法进行防范和控制，以保障理财活动安全正常开展，保证其经济利益免受损失的管理过程。

财务风险管理是由风险识别、风险度量和风险控制等环节组成的，其中核心是风险度量。财务风险管理的目标是降低财务风险、减少损失。因此，在财务风险管理决策时要处理好成本和效率的关系，应该从最经济合理的角度来处置风险、制定财务风险管理策略。风险的动态性决定了财务风险管理是一个动态的过程。由于企业内外环境不断变化，在财务风险管理计划的实施过程中，企业应该根据财务风险状态的变化，及时调整财务风险管理方案，对偏离财务风险管理目标的行为进行修正。

筹资风险

企业在筹资活动中，会面对巨大的筹资风险，主要来源于两个方面。一是偿债带来的风险，企业筹集资金时严格规定了借款方式、还款期限和还款金额，而如果经营不顺利导致不能按期还本付息，就会产生偿债风险。偿债风险如不能通过企业改革、财务管理强化等措施化解，就可能恶化为破产清算。二是收益变动风险。这种风险主要来源于投资收益的不确定性，这种不确定性会通过负债的财务杠杆作用产生放大效应。在资本结构一定的条件下，企业从息税前利润中支付的债务利息是相对固定的，当息税前利润增多时，每一元息税前利润所负担的债务利息就会相应地降低，从而给企业所有者带来额外的收益，即财务杠杆利益。同理，当税前利润下降时，企业收益造成的损失也会通过杠杆效应放大。

投资风险

企业投资分为项目投资和证券投资。然而无论项目投资还是证券投资，都不能确定能够按时按量获得收益，这种投入资金的实际使用效果偏离预期结果的可能性就是投资风险。与项目投资相关的收益无法获得，原因可能来自市场环境和企业内部管理，与证券投资相关的风险则来自证券投资本身的不确定性。

投资风险管理

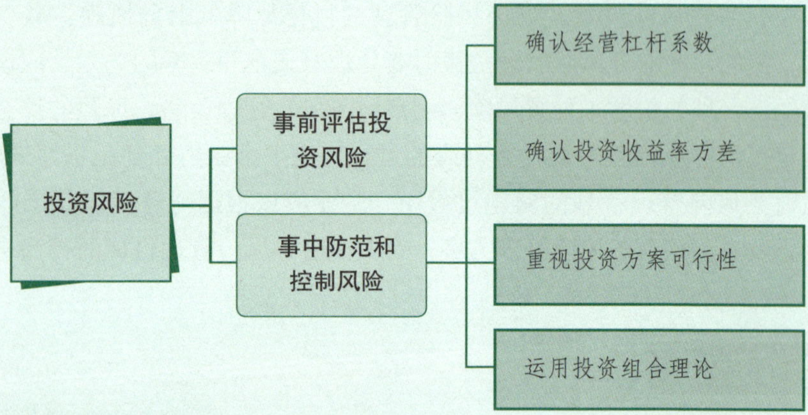

资金回收风险

资金回收风险主要是应收账款的回收在时间上和金额上的不确定所导致的风险，表现为时间上和金额上的不确定性。企业和合作方进行交易时，肯定存在赊销情况，然而一些信用度差的企业不能按时偿还账务，甚至可能少偿还或者不偿还债务。

面对资金回收风险，企业经营者应该做到以下几点：

第一，选择合理的销售方式和结算方式。对于财务状况和资信状况好的客户，采取赊销的方式，并将累计赊销金额控制在信用额度之内，结算时相应采取分期收款、商业汇票等风险较小的结算方式。对于那些信用状况不好、偿债能力差的客户则要尽可能采取现销方式，相应采取汇兑、支票等结算方式。

第二，制定合理的收账政策，及时催收货款。对逾期未结清欠款的赊销客户，企业应组织人员加紧催收。同时应分清主次，按照应收账款逾期的不同时间和具体情况，采取灵活的政策。

第三，建立坏账准备金制度。企业应依据谨慎性原则，对于可能发生的坏账损失，在其发生之前提取坏账准备金，以减少本期虚增的利润，防范资金回收风险带来的不利影响。

Tips

资金回收风险系数主要通过应收账款周转率和坏账损失率来评估。

收益分配风险

收益分配风险是指企业在分配收益的方式、时间和金额上的不同权衡和取舍，从而给企业的价值带来不确定性。企业获得利润后，将利润投入再生产还是消费是艰难的抉择。如果企业脱离实际，一味追求给投资者高额的回报，必然会造成企业的保留盈余不足，给企业今后的生产经营活动带来不利影响，同时也会影响债权人的利益。相反，如果企业为减少外部融资需求而减少对投资者的分配，又会挫伤投资者的积极性，影响企业的声誉和价值。

而且需要注意的是收益分配风险随着利润的扩大而增大，所以在最开始的时候就需要明确而细致的法律文件将利润分配明确下来。

收益分配风险主要体现在这么几个方面：未分配利润份额，每年的利润都需要留下足够的份额来进行下阶段的生产，未分配利润不足会造成经营困扰，而未分配利润过多，就会造成资金过剩的问题；股东分配利润不清楚，因为优先股的存在，股东的股份持有量并不是决定所拥有

收益分配过程的风险

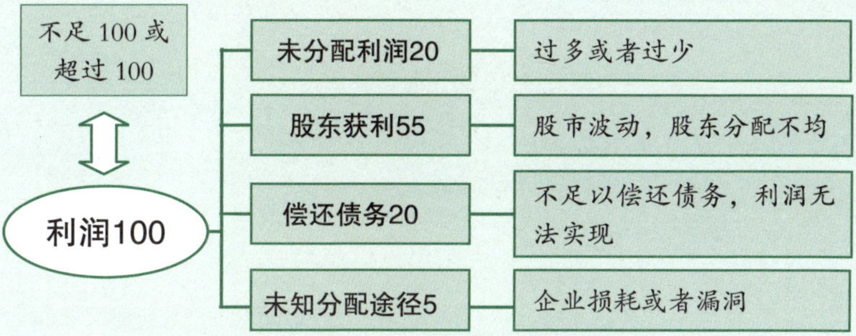

利润的唯一因素；未预期利润或者利润超过预期，所以企业分配利润时必须留下一定的弹性空间，这就增加了企业利润的风险。

小故事

法律和收益分配风险

某人和两个朋友共同出资成立一家家具销售公司。事先约定其中一人出资 40%，另外两人每人出资 30%。他们私下约定，由大股东担任法人并且拥有经营权，但是在实际工作中并不存在谁领导谁的问题。然而，谁拥有经营权谁就拥有分配的主动权，之后随着业务扩大，利润击败了友谊，到最后小股东被踢出了公司。因为缺少对利润分配明确规定的法律文件，小股东也只能吃暗亏。

风险识别与防范

为了让企业能够持续正常地发展，经营者必须在建立企业时就设置好一套完整的财务风险预警系统。在创业早期和财务风险出现早期就能够识别出来，并有着相应的措施来预防和应对。要使管理者和员工有足够的风险意识，管理财务风险。

过度依靠借款来维持经营

当企业为维持经营借款过度时，说明企业正常的经营资金已经不足以扩大企业生产，或者本身的资金就已不足了。过度的贷款一旦遇到企业经营滑坡或者银根紧缩，资金链就有可能断裂，无法偿还到期债务。因此，企业在举债经营时以及在举债经营的后期要不断地评价债务风险的大小，提防债务压垮企业。

应将负债经营资产收益率与债务资本成本率进行对比，只有前者大于后者，才能保证本息到期归还，实现财务杠杆收益。而如果企业的资产收益率低于债务成本，那么扩大筹资规模就等于从原有的利润中分配一部分给其他投资者。

偿还债务的资金基本上来源于折旧资金和净现金流量，企业必须对近期一段时间内的经营情况做出评估，过分乐观或悲观地评估都是不妥当的，必须正确评估查看企业的资金流量，以便确认企业的清偿能力是否足够。

虽然适度举债是企业发展的必要途径，但企业必须以自有资金为基础。一般来讲，金融业保持在 90% 以上，融资业 55% 左右，工农业不超过 35%，一旦超过这个警戒线，就必须考虑开始缩减规模，偿还负债了。

债务结构是否合理主要指的是债务的期限能否合理地错开，是否会发生资金溢余时债务没到期或债务到期时没有资金偿还的局面。流动性指的是债务随时偿还的可能性。如企业在资金溢余时即使债务没到期，也能够偿还债务；企业在筹集低利率的债务时，可以偿还高利率的债务等。

企业筹资成功后，投入不同项目的风险是不同的，如投资生产项目、证券市场、商贸活动的风险，显然具有较大差异。所以，企业在获得资金后，不可以全部投入高风险、高收益的项目和行业，必须稳步发展。

小故事

马太效应

《圣经》里面说："凡有的，还要加给他多余；没有的，连他所有的也要夺过来。"

从前有一个人给自己三个仆人每人一块银元，让他们出去做生意。三个月后，仆人们回来了，第一个仆人赚了100元，第二个则赚了10元，第三个仆人说："主人，我怕弄丢了你的银元，所以一直没动，你看还是原来的那个。"结果这个人就把第三个仆人的银元给了第一个仆人，因为第一个仆人能为他带来更大的利益。

负债经营企业就是马太效应中的弱者，本身经营资金不足，所以，一旦负债就必须把利润的一部分分配给债主，结果是经营压力更大，需要更多的资金，很容易陷入恶性循环中。

平均收账期限延长

应收账款作为一种商业信用对促进销售有着重要的作用，但同时应收账款的存在也大大增加了企业的财务风险。较长的平均收账期首先会占用企业许多的经营现金，其次较长的平均收账期意味着企业发生坏账的风险更高，再次增加了企业管理应收账款的成本。当企业的现金余额由于客户迟缓付款而逐渐消失时，较长的平均收账期就会成为企业严重的财务问题，大大增加企业的财务风险和财务成本。应收账款增加将加速现金流出，它虽使企业产生利润，然而并未使企业的现金增加，反而还会使企业运用有限的流动资金垫付未实现的利税开支，加速现金流出。这就是有的企业有盈利还会破产清算的主要原因。

如何应对平均收账期限延长

- 改变折扣政策
- 确定客户的信用等级
- 确定合理的应收账款
- 建立销售责任制度

→ 核心是关注现金流的安全和流动状况 → 应收账款期限延长

存货积压

存货包括原材料、产成品、在产品等。一般来讲，存货在企业流动资产中所占的比重较大，存货积压将会给企业带来重大的不利影响。存货积压会带来以下问题：占用企业的流动资金，造成企业经营资金不足；长时间存货会导致存货贬值；影响企业正常存货；造成资源浪费，存货成本提高。

企业存货发生积压可以通过存货与销售比率的变动来观察存货的积压情况。管理人员应根据企业具体情况，掌握关于存货与销售比率的一般标准，任何一个月的存货与销售的比率如果高于这个标准，都可能是企业财务问题的早期信号，不少情况还与非预期的销售下跌有关，必须通过增加销售

Tips

任何财务问题都是管理不当引起的，也都可以通过管理制度改革来解决。

或削减采购等办法来及早解决这一问题。观察现金流量表购买存货支付的现金流量与销售收入取得的现金流量的比例变化情况，如果异常也是存货带来的问题。

存货贬值

存货贬值和货物本身的特征、市场经济环境相关，也有的货物不存在贬值情况。

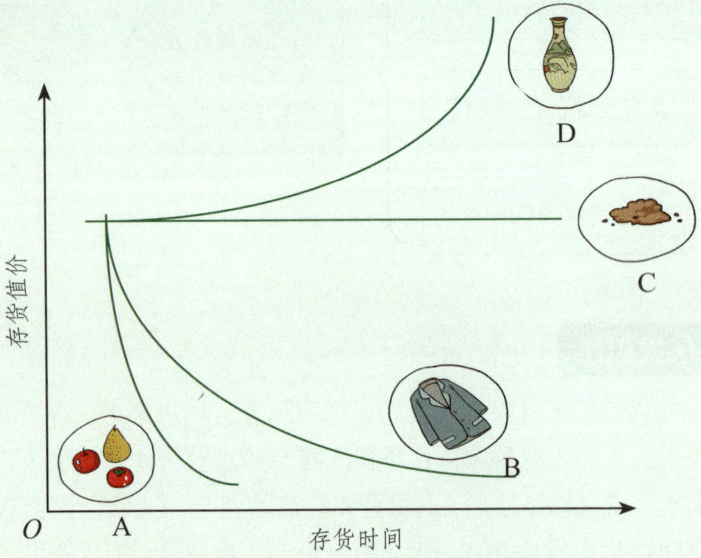

序号	货物	备　注
A	水果蔬菜	存货贬值的速度以天为计量
B	衣物器械	存货贬值的速度以月来计算
C	土地	基本上不会贬值
D	特殊商品	比如古董，时间越久越值钱

资本结构不合理

正常的企业资本结构应该是这样的：企业流动资产的购置大部分由流动负债筹集，小部分由长期负债筹集；固定资产由长期自有资金和大部分长期负债筹集；也就是流动负债全部用来购置流动资产，自有资本全部用来购置固定资产。相反，如果企业用大量的短期资金购置长期资产或者用长期资金购置短期资产，就意味着企业资本结构不良。

在年度的总结报表中，如果资产负债表中的累计结余是赤字，那么说明一部分资本被亏损吞噬，这说明企业的资产在逐步缩水，企业资本结构向不良方向转化。

如果财务报表显示亏损侵蚀了全部自有资本，甚至一部分债务都已经亏损了，这说明财务结构彻底崩溃了。

不过，所有的财务风险问题最终都集结在销售额持续下降上。大部分情况下，产品销售量下降仅仅被看作销售问题，只会通过调整价格或改善销售方式来应对，而不能从财务管理上根本解决。事实上，销售量的下降会带来严重的财务问题，尤其是非预期的下降（如恶性竞争、客户串通作弊等），只不过并不会立即反映出来，然而长久下去将会使企业失去资金来源。

总之，任何一个制度在不调整的情况下会变得僵化，所以必须通过不断调整财务管理来识别和防范财务风险。

More

主营业务利润下降

企业所有的风险最终归结到一个点上，那就是主营业务利润下降，用生活用语来说就是没有挣到钱。企业主营业务利润下降或亏损说明企业的毛利率减少或销售产品亏本，说明企业的市场竞争力下降。营业利润下降或亏损可能是企业的资本结构不合理，举债规模大，利息负担重，企业应降低负债，减少利息支出。利润总额出现下降或亏损除了以上原因还可能是企业投资发生了巨额亏损，或是出现了重大灾害及出售资产损失等情况。

财务风险管理程序

虽然企业规模有大有小，经营手段不同，市场环境也各不相同，当然所需要的具体风险管理措施也各不相同，然而在不同管理制度和应对措施中，有着一个共同的程序，即对可能出现的风险先进行评估和度量，然后进行风险控制，最后完成完整的财务风险管理系统建设。

风险识别和度量风险

风险识别是指在风险事故发生之前，对风险所做的一定判断。

在风险事故发生之前，对风险做出定性的识别非常重要。未加识

财务风险度量方法的优缺点

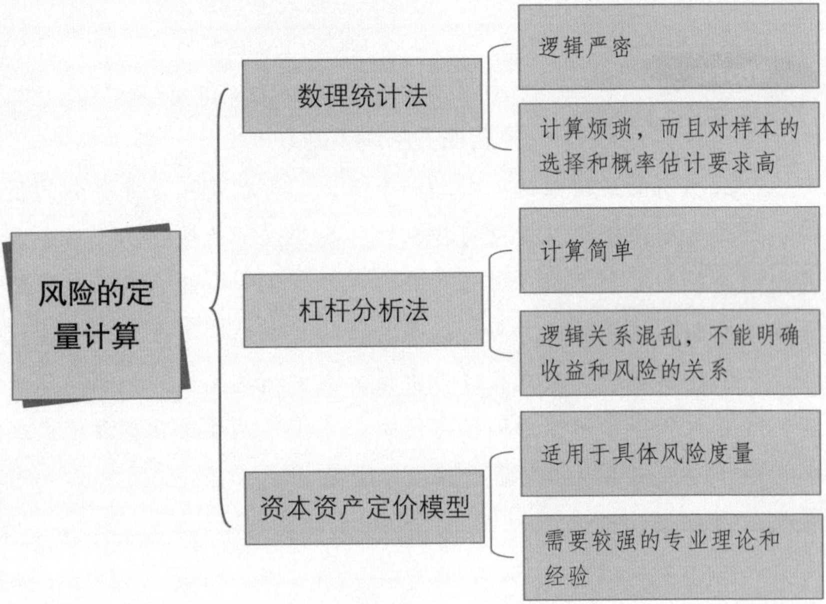

别或错误识别的风险不仅难以优化管理，还会造成意料之外的损失。所以，在这一阶段，相关信息的收集、辨别，风险的汇总、分类，风险走势的监测都是必要的。风险识别是风险管理程序的基础。

在不同的时间、不同的发生地点，风险及发生损失的程度是有差别的。风险度量是指在风险识别的基础上，运用各种方法、对风险大小进行计量的过程。风险度量直接决定了企业对风险的态度和决策结果。风险度量的方法有很多种。按其是否可计量，可分为可计量风险和不可计量风险。可计量风险是指可以运用数学方法进行计算，并通过相关指标的大小判断风险的大小。常用的计量方法有数理统计法、杠杆分析法和资本资产定价模型法三种。

风险控制

在明确风险的性质和大小后，企业经营者需要在管理上采取措施来控制风险。风险控制的方法分为两类：制度控制和技术控制。制度控制基本属于管理的范畴，包括与风险事件相关的组织机构设置、人员配备、制度设计，无一不与风险控制有着千丝万缕的联系，都是风险控制的制度体现。技术控制的方法主要有分散法、转移法、回避法。

以分散法为例来讲解风险控制。

一家大型服装连锁店，从南方到北方都有自己经营的店铺。普通的服装店在季节换季的时候，都会有很多衣服被迫做折价处理，这是企业经营的常规风险。然而这家店可以在换季的时候，随着温度差距在南北的店铺之间调动存货，让大部分的衣物避免折价处理的风险。这种分散风险控制法的优势也是连锁经营的优势之一。

财务风险管理体系

事实上，前文中提到的风险管理的程序在理论上似乎是按顺序进行的。但在实际工作中，风险会随着环境和事件的进展不断发生变化。风险识别、度量、控制都属于财务风险管理的一部分。

小故事

别把鸡蛋放在同一个篮子里

母亲和儿子一起出门，在车上小心地放了两个篮子的鸡蛋，然后把篮子和鸡蛋分别放在车头和车尾，到目的地后，总有可能会留下一篮好鸡蛋。

这就是风险的规避和控制，不过也需要有相应的成本。多放一个篮子，就占据了更多的空间，也就是说财务风险管理也需要相应的成本。

财务风险管理体系

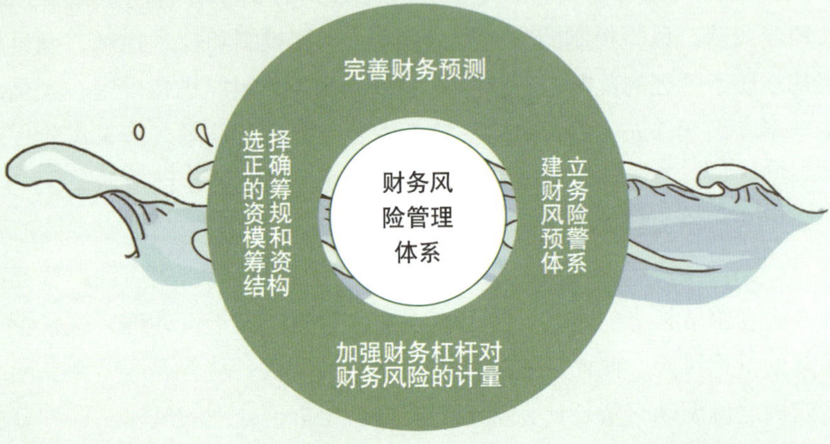

财务风险管理系统分为预警系统和分析指标系统两个部分。

建立财务预警系统，编制现金流量预算。由于企业理财的对象是现金及其流动，就短期而言，企业能否维持下去，并不完全取决于是否盈利，而取决于是否有足够的现金用于各种支出。

财务分析指标体系中获利能力、偿债能力、经济效率、发展潜力指标的分析最具有代表性。反映资产获利能力的有总资产报酬率、成本费用利润率等指标，反映偿债能力的有流动比率和资产负债率等指标反映资产运营的指标有应收账款周转率以及产销平衡率，反映企业发展潜力的有销售增长率和资本保值增值率。

More

阿特曼 Z-score 模型

目前财务风险预测最经常用到的是阿特曼 Z-score 模型。该指标模型应用的是统计学的判别分析构造，利用五项财务指标的加权平均数来预测风险。

预测公式为：$Z=1.2X_1+1.4X_2+3.3X_3+0.6X_4+0.999X_5$

式中，X_1 是流动资本和总资产的比率，X_2 是留存收益和总资产的比率，X_3 是息税前利润和总资产的比率，X_4 是优先股和普通股市值和债务总额的比率，X_5 是销售额和总资产的比率。

代入公式计算，如果结果大于 2.675，说明企业财务状况良好，如果结果小于 1.8，则说明财务风险太大，很可能在未来一年内破产。

如何管理企业财务风险

虽然要面对的财务风险不同，但是企业能应用的财务风险管理方法是相通的。企业经营者可以从成功的创业案例和经济学研究者的理论中获得启示，总结出企业财务风险管理通行的方法。

木桶效应

一个木桶盛水量的多少，是由构成木桶的最短的那块木板决定的，这就是木桶效应。木桶效应在企业风险防范和风险管理方面同样适用。一个管理体系、盈利模式、运营模式很好的企业，也会因为一个小的失误出现系统性的风险。无论风险出不出现，都符合此原则。即企业在运作过程中，风险点或者风险一

Tips

财政部、证监会、审计署等五部委联合发布的《企业内部控制配套指引》，从2011年1月1日起开始实行，标志着中国企业迎来全面风险时代。

小故事

财务指标之木桶效应

某中档餐饮公司，衡量它的各项财务指标时，发现营业毛利率高达37%，基本上没有债务，其他各项财务指标也在安全线以上。然而其中重要的一项主营业务利润却在不断下降，这说明企业离倒闭不远了。

定是在最薄弱的环节中出现的。

企业财务风险管理框架

完善的企业财务风险管理由三道防线构成，第一道防线由业务部门的审计制度组成，第二道防线由董事会战略决策制度组成，第三道防线由专门的风险管理部或行为组成。

Tips

信息沟通贯穿于整个风险管理控制体系，因为信息不畅会对风险产生增幅作用。

各业务部门和业务员就战略性风险、信贷风险、市场风险，系统化地进行分析、确认、度量、管理和监控，同时企业管理者把风险评估和内控措施记录、存档，并定期更新，即为第一道防线。

理想中的风险管理体系

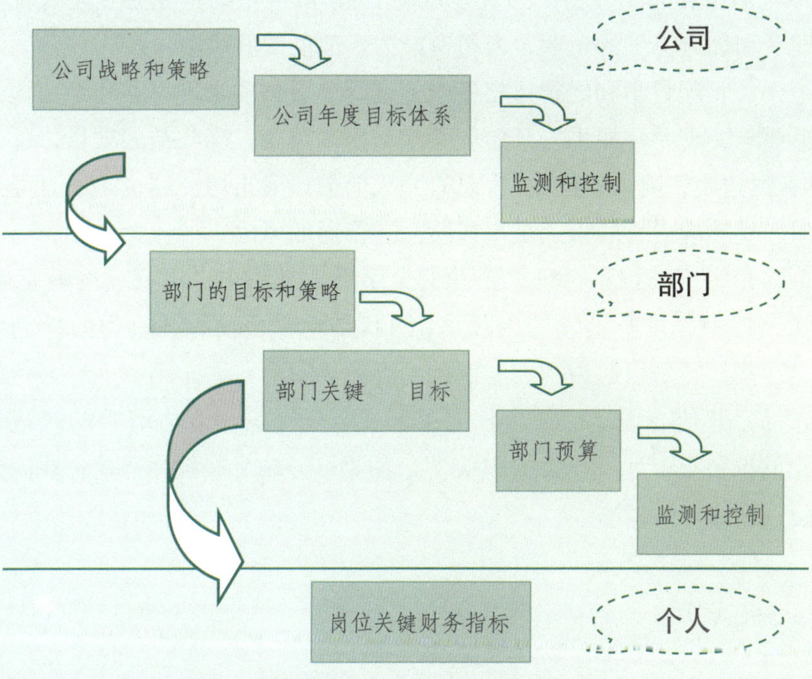

第二道防线是在业务单位之上建立一个更高层次的风险管理系统，它的组成部门可能包括风险管理部门、信贷审批部门、投资审批部门。它们的职责是编制规章制度，对各业务单位的风险进行组合管理、度量风险并评估风险的界限、建立风险信息系统和预警系统，拟定关键风险指标，负责风险信息披露、沟通，协调员工培训和学习的工作，按风险与回报的分析为各业务单位分配经济资本金。

第三道防线是由独立于整个企业业务范围外的部门构成的。

内部风险管理

对财务风险管理最重要的部分就是企业内部管理控制，一般来说，企业财务风险过大的原因主要集中在以下几个方面：

（1）企业文化和价值观偏差，很显然当企业上下弥漫着寻求快速发展的氛围时，容易使企业面临更大的财务风险。

（2）员工和管理者的能力不足。即使再高的市场风险，也不可能让所有的企业都关闭（在正当竞争市场上），留下来的企业必然是有优秀管理者和优秀员工的企业，人员有能力，故能战胜风险。

（3）管理哲学和经营风格不当。选择什么样的管理思路和经营模式对企业至关重要，如果一开始就喜欢从事高风险、高收益的项目，那么“常在河边走，哪能不湿鞋”，总有一天会被风险击垮。这也是一旦经济波动，受影响最大的永远是高风险金融公司的原因。

（4）组织结构不合理。企业的金字塔式结构中，没有良好的基础；树状结构中，没有足够的生长点；网状结构中，没有强有力的控制中心，这些都容易引起组织上的混乱，导致风险的发生。

（5）其他方面。比如责任分配与授权的重叠，人力资源的政策老化，董事会与审计委员会效率低下，企业报告缺乏监督等都是企业内部风险管理的障碍。

内部风险管理的五要素构建

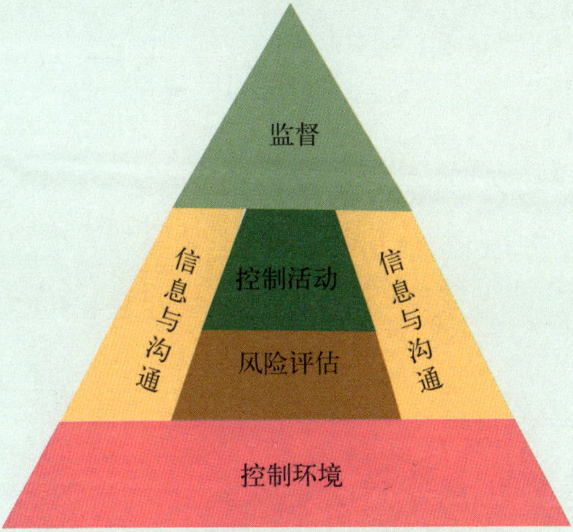

内部风险控制原则

风险是一种潜在的问题或损失，往往来自外部，应对于内部。所以，在面对风险时要通过各种制度来控制风险。在内部风险控制上，需要坚持以下的原则：合法性原则，所有的企业行为都必须符合公司法、税法、合同法、会计法、企业内部控制规范、会计准则等，并且时刻关注最新的法律；适应性原则，公司财务制度必须符合企业经营范围、业务范围、业务特点、风险状况等；全面性原则，风险控制系统涉及控制环境、目标设定、风险识别、风险评价、风险应对、控制活动、信息与沟通、监督等；相互牵制原则，必须通过横向和纵向的各因素相互作用来降低风险；协调性原则，强调效率，避免重复与矛盾；有效性原则，权威性、不能例外性；成本效益原则；授权控制原则；可容性原则，保持一定的弹性，同时具有一定的覆盖性；独立性原则；预防为主原则。

第9章

企业营运资金管理

企业生产是一个持续发展的过程，管理最终落实在生产的连续性和不断扩大上。企业的营运资金管理，也就是企业日常资金流动管理，是企业财务管理最直接的部分，其水平高低体现了企业发展的现状。

本章教你：

▶如何尽快回收账务？

▶如何保证现金流安全？

▶如何管理企业存货？

▶如何确保企业生产资金的顺利流入和流出？

下个月仓库存货是否足量？上一个期间段的销售额是否都把资金回收了？有多少账款变成了死账？流动现金足够应付这个月或者这个季度的需要吗？……这些都是企业营运资金管理需要解决的问题，解决了这些问题，企业的日常生产才能有序进行。

营运资金的概念和特点

经营一家价值100财富的店铺，需要准备多少资金呢？如果开书店，需要准备110财富；如果是化妆品店需要150财富；淘宝网店只需要50财富；而如果经营一家证券公司，则至少需要200财富。各种行业日常经营所需要的资金价值差距，奥妙就在营运资金的特殊性上。

什么是营运资金?

营运资金，在广义上就是营运资本，是指一个企业投放在流动资产上的资金，包括现金及约当现金、股票等可以随时兑现的有价证券，对企业合作公司的应收账款，以及可以随时出售的存货折合资金等；而狭义上的营运资金，指的是某个时间点上，企业所拥有的流动资产与近期必须支付的流动负债的差额。不过，营运资金的广义和狭义不是分离的，广义上的营运资金的每个部分都可以分为资产和负债两类。

营运资金的构成

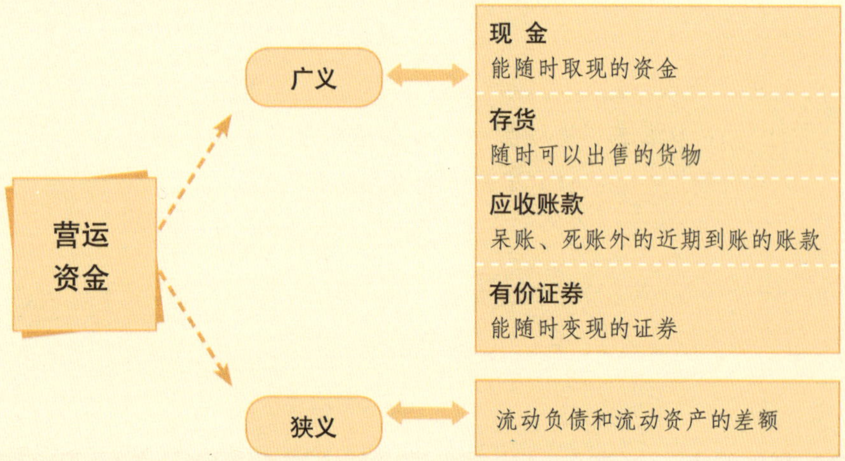

Tips

流动负债主要包括以下项目：短期借款、应付票据、应付账款、应付工资、应付税金及未交利润等。

营运资金管理中，如果流动资产额和流动负债额相等，那么使用流动资产额度上的资金就是流动负债筹资；如果流动资产额比流动负债额大，那么报表中“净流动资产”项目则必须以长期负债或者所有者权益中的一部分作为资产来源。会计上，营运资金变现出来的是流动资产额与流动负债额的总和，不过这里的“总和”并不是数额相加，而是关系的反映。所以，对企业的管理者来说，对营业资金的管理要资产和负债并重。

营运资金的计算

从营运资金的定义可以知道，营运资金总额等于流动资产减去流动负债的得数。

企业的流动资产等于企业总资产额减去非流动资产额，企业的总负债则是企业的总资产额减去所有者权益减去长期负债的得数。一般

营运资金计算公式

1 **财务意义**

营运资金=流动资产−流动负债

2 **绝对数**

营运资金=长期资本−长期资产

3 **来源和去向**

营运资金=（总资产−非流动资产）−（总资产−所有者权益−长期负债）

营运资金=（所有者权益+长期负债）− 非流动资产

来说，营运资金的计算都是从财务报表中找出这几项数据，填入公式进行计算，这种计算反映的是营运资金的来源和去向。

营运资金也就是企业在现阶段可以动用的资金数，所以它也是企业长期资本和企业长期资产的差额。这种计算表现的是企业在未来一段时间内可以动用的营运资金的绝对数目。

小故事

第一笔营运资金

1999 年，马云带领阿里巴巴开始创业，第一笔营运资金是 18 个人东拼西凑凑起来的，总共 50 万元。正是这 50 万元，在短短十多年中，让阿里巴巴成了中国最大的电子服务公司。

营运资金的特点

营运资金反映的是企业日常经营所需的资金来往状况，而我们知道，企业财务管理的目标是让企业的资金流动规模更大，速度更快，而不是以企业再生产不扩大的代价换取资产绝对数目的增加。所以，营运资金数目过大，就意味着企业资金的利用率不够，变现能力强；或者企业潜在的负债多，变现能力弱。而企业的营运资金数目过小，则意味着企业经营面临困难，对短期借款和筹资的依赖性高。

企业的营运资金有着以下特点：周转时间短，当营运资金少时，可以通过短期筹资和借款来解决；数量具有波动性，往往表现为不受内部控制，而和外部经济环境变动紧密相关；来源多样，管理者通过各种渠道和手段筹集的资金都属于营运资金范畴；强调变现能力，营运资金很大部分都是可以变现的各种资产，反映的是企业的短期利益。

现金管理

对个人来说，现金指的是钱包里的钞票，对现金的管理就是保证未来一两天内有足够的钞票支付日常生活需要；对企业来说，现金是一个复杂的概念，如果不足会造成企业当场“死机”，而过多则意味着企业再生产“当机”。如何管理现金是企业管理者必须掌握的重要内容。

什么是现金

经济学上，现金指的是具有普遍性、可接受性，能够有效、迅速投入市场流通的交换媒介，可用于购买商品和货物，支付劳务和偿还债务。现金是企业中流通性最强的资产部分，是企业可以任意支配使用的货币。在财务报表中，现金是一个总账账户，属于资产负债表中货币资金一项，不过，有时候特殊用途的现金在报表中往往会被列入基金或者非流动资产项。

Tips

我国法律规定，企业资金来往必须通过银行，不过每一元都通过银行支付是不现实的，因此允许企业留下固定的数额作为零星支付的备用金，不过这属于其他应收账款而不是现金。

现金中一部分是钞票，对企业来说就是库存现金，而另外一部分则是银行账户、流通支票和银行汇票，还有一部分则是三个月内可以变现的有价证券，不过最后一个部分只有在编制现金流量表时才会用到，实际上并没有和库存现金一样的功能和特点。

在企业的财务管理中，根据法律规定，企业之间的经济往来是不能用现金进行结算的，必须通过银行转账。当然每一元钱都通过银行支付也不现实，所以企业留下一笔数额不大的现金用于日常运营也是合法的。

现金管理制度和模式

国家经济法律体系中有专门的现金管理条例，企业一般根据《现金管理暂行条例》制定本单位的现金管理制度，主要包括：现金支出管理，明确什么情况下可以用备用金支付，什么情况下必须通过银行支付；现金收入控制制度，和银行合作，通过银行对收入按日期规划；现金盘点制度，定期记录现金流向和库存现金量；现金预算制度，要做到确保在需要现金时有足够的现金使用，在现金短缺出现前发现并有相对应的补救措施；如果现金富裕，能及时将其投资在能赚取利润的方面。

根据现金管理制度的侧重点和财务管理制度的不同，现金管理可分为两种模式。

企业的现金管理

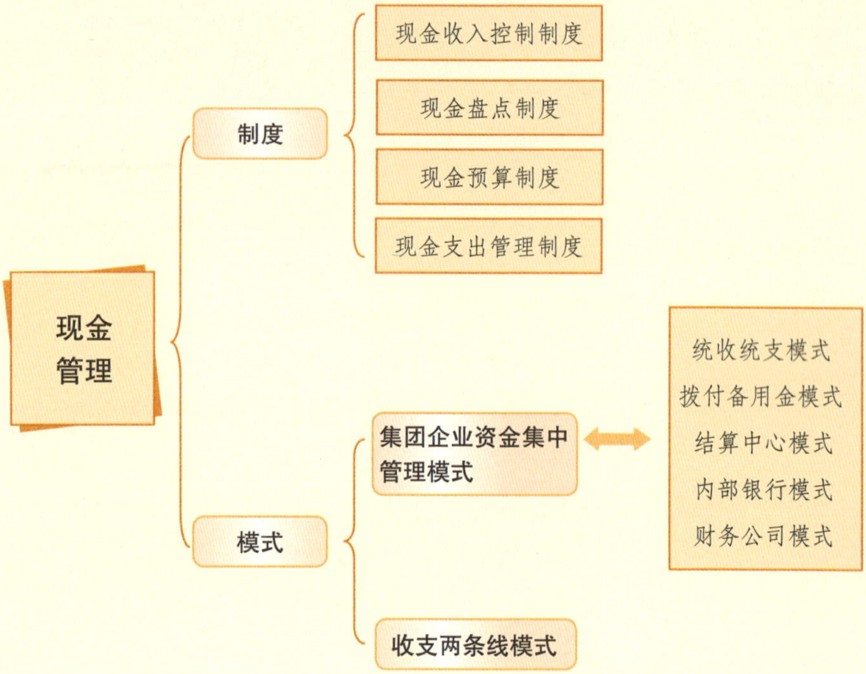

对中小企业来说，实行的应该是收支两条线模式，可以在收入和支出现金时，分别从现金的流向、流量和流程三个方面入手，来实现企业的利益最大化管理。这样做能在全部企业的业务范围内对现金实现集中管理，提高资金周转率和资金使用效率，还可以降低现金持有成本。中小企业以收入和支出两条线为切入点，能够通过这种直观高效的价值化管理最终达到提高企业效益的目标。

对大型企业或者集团公司来说，收入和支出情况非常复杂，而且存在企业内部构成单位的现金往来情况，所以应该实行资金集中管理模式，也称为司库制度。资金集中管理模式是指大型公司通过网上商业银行的功能或者其他信息技术手段，将分散在大范围内的各个下属机构、部门的资金集中结算，然后由总部进行统一调度、管理和运用，一般包括现金集中、内部结算、融资管理、外汇管理、支付管理。其中，现金集中是基础。根据其内容，资金集中管理模式在构成上可以分为统收统支模式、拨付备用金模式、结算中心模式、内部银行模式和财务公司模式。

现金管理目标

企业经营的目的就是获得利润，现金管理的目标就是为企业赚取利润。不过具体说来，企业存置现金的原因，在于满足企业交易性需要、预防性需要和投机性需要。

所谓交易性需要，指的是日常业务对现金支出的需要。企业在日常经营中，会经常性地获得收入，也会经常性地发生支出事件，然而这两者不可能同时进行，更不可能同量进行。当收入大于支出时，企业就会发生现金存置，而支出大于收入时，企业就必须

Tips

一般来说，金融公司的投机性现金需求最大，而一般的生产公司最主要的现金需求是交易性需要。

发生现金拆借。总之维持适当的现金余额，才能让日常经营持续下去。预防性需要指的是企业需要存置足够的现金以防意外的支出事件发生。预防性需要的大小和企业规模、企业的借款能力成负相关关系，和企业的现金流波动性成正相关关系，企业的规模越大，借款能力越强，现金波动性越小则所需要的预防性现金越少；反之，则越多。投机性需要指的是企业为应付市场价格波动而准备的一部分投机现金。比如原材料价格下降，那么企业就很可能会临时支出一大笔现金来购买原材料。

小故事

打白条

部分企业现金管理混乱，很大一部分原因就是打白条问题。所谓的打白条，是指大部分领导临时应酬，或者其他工作人员因临时需求而借款。这些借款时间长，数额大，因此出纳不得不利用现金流入和流出的时间差来弥补这个空白。有一个笑话说，某单位企业白条太多，于是规定处长出差，只能打“撞死一头猪赔款”的白条，而局长则可以打一张“撞死两头猪赔偿”的白条。很显然，这种现象容易造成企业现金投机性和预防性需求不足，甚至会造成企业现金交易性需求的不足。

现金管理技巧

对企业，特别是资金基础薄弱的中小企业来说，在经营中难免会出现“拆东墙补西墙”的现象，然而如何拆，如何补才不会导致企业信誉受损或者现金不足是非常困难的。一般来说，现金管理方法可以从这几个方面入手：

（1）力争现金流同步

理想的状态是收入稍早于支出，这样企业在日常经营中对交易性需求的资金就会变少。

（2）使用现金浮游量

企业开具支票，收票人收到支票并存入银行，然后银行款项从企业账户划出，转入收票人账户。这个时间段中的现金被称为现金浮游量。因为此时，尽管企业已经开出了支票，但还可以动用银行账户里的这笔已支付的资金。不过现金浮游的时间段一般很短，最长不超过三天，所以使用时一定要注意时间，避免产生银行账户透支的事件。

（3）加速收款

主要的做法是缩短应收账款的时间，提高资金的周转率。不过应收账款未收入状态可以增加企业的销售量，所以在使用时一定要把握好度，不能因为加速收账而影响了潜在客户量。

（4）推迟应付账款的支付

企业在不影响信誉的前提下，可以推迟应付账款的支付，也尽可能地利用供货方的现金。然而，要注意的是推迟应付款项的次数越多，那么企业的信誉度就会越低，而应付账款的宽限时间就越短。

现金管理方法

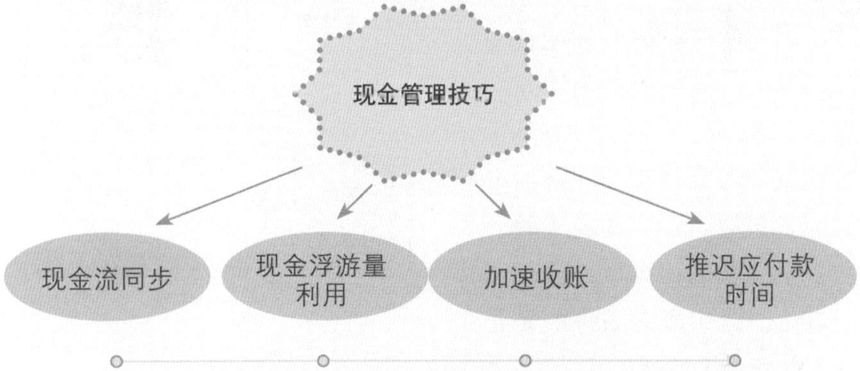

最优现金量

现金管理各种方法的运用是为了实现最优现金持有量，使现金足够使用，但是也不会出现现金滞呆的现象。

应收账款管理

在财务报表中，企业的资产项目中有应收账款项，然而也有呆账、坏账、死账和备抵呆账项目存在。而且中国谚语说“有欠债的英雄，没有要账的好汉”，似乎应收账款管理从古以来就是一个很困难的问题。企业经营者必须学会从财务管理上解决应收账款问题。

应收账款和应收账款周转率

应收账款指的是从账户核算角度，在企业之间销售商品、购买原材料、提供劳务等活动中，应向购买单位收取的款项，和卖出单位代为垫付的运杂费以及承兑应收而未转账的款项。应收账款体现的是企业销售中的债权关系，因此它的确认与收入的确认密切相关。一般来说，应收账款确认时会核算明细，而收入确认时则会确认数量。

公司的应收账款如能按期回收，那么公司的资金使用效率就会好很多。在一个会计时间段内，公司应收账款转化为现金的平均时间就是应收账款周转天数，其和资金总数的比率就是应收账款周转率。这个概念表现的是企业在回收资金上的能力。

Tips

应收账款周转率计算公式：应收账款周转率=（当期销售净收入 － 当期现销收入）/（期初应收账款余额 ＋ 期末应收账款余额）/2

应收账款周转率高，意味着企业的收账能力强，坏账概率小；应收账款周转率低，则意味着企业的收账能力差，坏账概率大。

应收账款能力比较

利华公司的平均应收账款周转率高于大恒公司，说明利华公司应收账款能力较强（见下面的图和表）。

项目	2010年	2011年	2012年	2013年	2014年	平均
利华	5.6	7.2	6.8	5.3	8.2	6.6
大恒	4.5	6.8	7.1	5.6	8	6.1

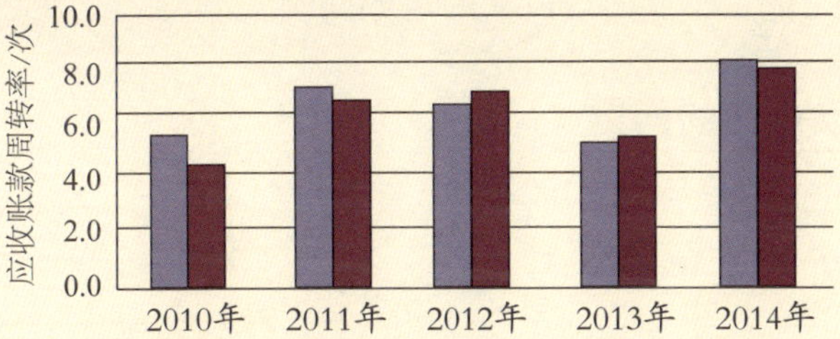

应收账款周转率比较图

应收账款管理存在的问题

对企业来说最理想的状态是所有的下游企业已完成现金支付，自己则可以尽可能地对上游企业应收账款进行延期，当然这种双重标准是不可能存在的，应收账款的存在也不可以避免，因此把握应收账款的度才是管理的重点。

一般来说，企业应收账款管理存在的问题就是过度和不足两种。应收账款管理不足，对下游企业应收账款放得太松，结果造成应收账款不能收回，在企业资产中形成大量的呆账、死账、坏账，最后影响企业的资金安全；应收账款管理过度，对上游企业应收账款管理太死板，甚至出现极端的“不给钱就不发货”现象，会影响企业的销售量，甚至造成部分资金暂时困难的客户的流失。

企业应收账款管理不善，就很容易造成一系列的恶果：最直接的就是利润率降低，没能及时回收应收账款，即部分资金被搁置；而没能回收应收账款，则意味着部分企业利润被生生“吞噬”，经营成果浮夸而经营风险提高，我国法律规定应收账款一般记入当期收入，如果数额过大，那么收入结果就会增加虚假性；企业的现金流出增多，应收账款放得太松，造成的结果是为其他企业垫付资金过多，而现金不能及时回收，结果是企业的交易性需求不足；企业经营周期拉长，企业的应收账款周转率和资金周转率是同步的，如果应收账款天数过长，那么企业的经营周期就会拉长，经营效率就会下降；财务错误和误差扩大，应收账款规模越大，关系越复杂，拖延的时间越长，那么造成的财务工作量就越大，结果可能是企业出现巨大的财务漏洞。

应收账款存在的问题

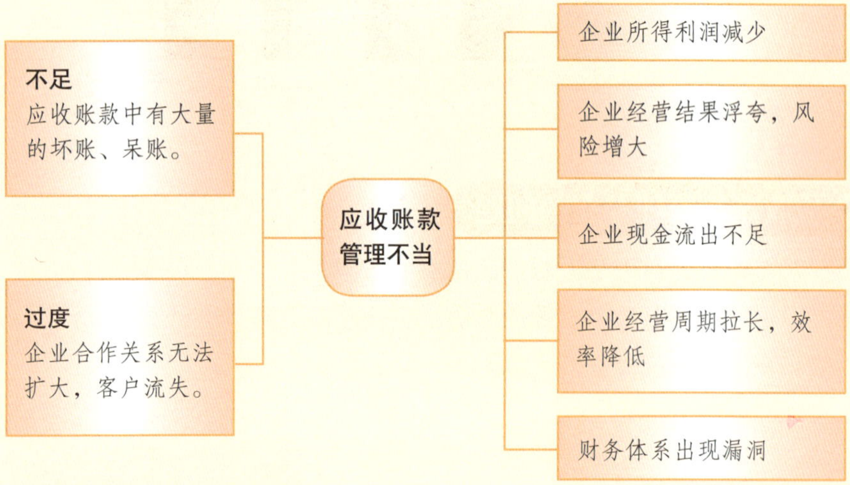

应收账款管理制度

要想从根源上解决应收账款管理的弊病，必须在企业经营的一开始就建立一个合理的应收账款管理制度，通俗的说法就是，一个企业需要一个人或者一个机构专门追讨账务。

良好的应收账款管理制度建设必须遵从固定的程序进行：

（1）建立客户档案，进行有效的信用评估和跟踪记录。为自己所有的上游和下游合作伙伴建立一个档案库，将它们的信誉度进行排序，对信誉好的企业可以放宽应收账款期限，而对信誉度差的企业应则加紧应收账款的回收。

(2) 从签约到发货的事前控制。在业务关系将要发生时，对新客户的人员素质、物流配送情况、历史关系等进行审查，然后对客户进行评级，并据此明确合同的签订时间和交易条件。这个过程也必须对老客户定期进行。

Tips

根据客户信用，可以将客户分为A类客户，两个月内回款；B类客户，5个月内回款；C类客户，8个月内回款；D类客户，回款时间很长。很显然A类最可靠可以不用预付，B、C类必须预付部分款项，而D类必须货款两清。

(3) 从发货到收款的事中控制。每次发货前必须根据合同进度保持跟踪和记录，并且根据汇款的记录来对所有客户的账龄进行分析，防止造成对错误单据、金额的确认。

(4) 从欠款到追收的事后控制。对欠账的客户及时追讨，并且灵活运用多种方式，而且可以通过总量控制、分级管理的方式对企业进行追账。

应收账款管理的流程

应收账款发生前
- 建立客户档案
- 对可能发生的应收账款及其风险进行评估

销售阶段
- 追踪货物的配送情况
- 明确合同条件

应收账款期间
- 分析客户的信用记录
- 加大力度催要债务

应收账款到期后
- 全员参与要账，采用各种方式追讨欠款
- 提出法律申诉

应收账款管理技巧

应收账款管理的制度和方法确定后，就需要提高企业对应收账款信用政策的执行力，即通过各种技巧强化应收账款管理。

（1）应收账款明细越细越好。需要财务人员对应收账款总数进行时间和项目上的细分。

（2）设置专门的赊销部门和增倍部门。企业应该把赊销和货款两清的业务分开，减少财务工作量。

（3）实行严格坏账核销制度。坏账不可避免，然而坏账的核销也是企业最容易出现漏洞的地方，在坏账核销环节，必须严格管理，多方位确认后再核销坏账。

（4）实行内部责任人制度。某个员工或者部门出现的坏账、呆账必须由该人员或者该部门负责。

（5）学会应用法律武器追讨账务。在合约签订时，必须明确违约责任，出现应收账款无法回收时，就要及时应用法律武器来追讨账务。

小故事

合同 VS 法律

1996 年，一家公司（A）向内蒙古乌海某公司（B）出售了两列火车，共计价值 1 400 余万元。双方在签订合同时，明确规定：“货款未全部付清前，产权仍归 A 所有。”三年后，B 仍欠 A 公司 500 余万元货款，而此时 B 公司因其他经济纠纷被内蒙古高级人民法院查封，其中包括这两列火车。A 公司得知消息后，迅速向内蒙古高级人民法院提出申请，最终在 2000 年下半年使内蒙古高级人民法院解除了对这两列火车的查封。由此可见在应收账款管理上，合同越明确，打官司时越有利。

存货管理

企业的目标是利润增大而不是资产增多，所以对企业来说，存货增多或者减少和利润增多、减少并没有直接的关系，所以存货管理更加困难，根据企业内部和外部环境的变化，管理者需要适量增加或者减少存货。即企业的存货管理必须是一种动态的管理。

什么是存货管理

存货管理就是企业对所有存货进行管理，包括对存货信息的管理，以此为依托的存货数量和质量的决策分析，最后达到有效控制、提高利润率的存货管理目的。管理学专家认为存货管理是将厂商的存货政策和价值链的存货政策进行作业化的综合过程。不过，也有人有提出另外一

库存管理过程

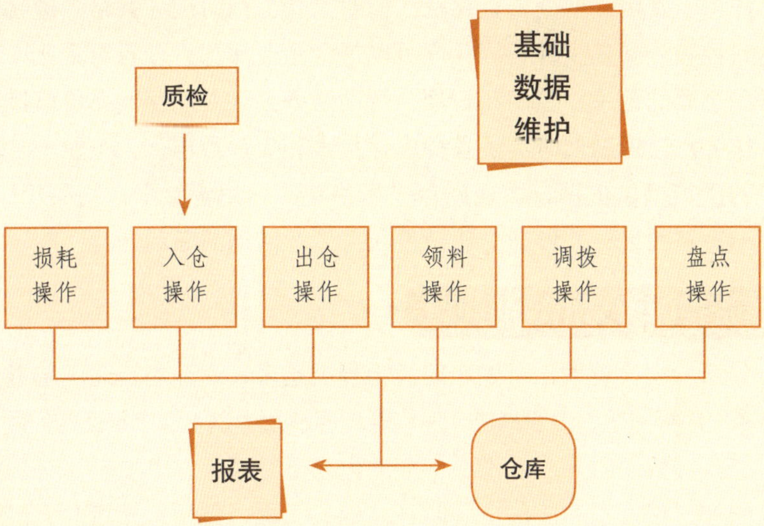

种存货管理理念式计划方法，即企业按照需求量和产品可得性，主动确定产品在渠道内的运输时间和分配方案。此外，近年来兴起一种名为混合方法存货管理的理念，即用逻辑思维推理将前两种方法进行结合，使企业形成对产品和市场环境做出反应的存货管理理念。

小故事

库存周转率的计算

对公司来说，库存货物周转速度越快，意味着公司生产循环的速度越快，而库存周转的速度用数字表示就是库存周转率。库存周转率等于年度销售产品成本和当年平均库存价值的比值。一般来说，公司管理越好，库存周转率越高，反之，则越低。而且行业不同，平均库存周转率也不同，重工业的库存周转率就远比轻工业的低，而销售行业、服务行业的库存周转率则随着信息流通速度变化而变化。

可以说，一项完整的存货管理战略可以详细说明公司的各种销售政策，并用于确定在何处安置存货、何时清仓、何时启动补给、选哪一条装运路径和分配多少存货等，这可以帮助企业库存管理者对企业库存进行详尽全面的记录、控制和管理，帮助财务会计对库存商品价值进行高效率核算。还可以及时提供各种库存报表和库存数据，为企业下阶段再生产的决策提供依据，实现库存平衡稳定、占用资金少、物品积压少、库存无短缺的目标，保证企业销售和再生产活动的顺利进行。

存货管理容易出现的问题

公司的规模越大，所生产的货物种类越多，库存周转速度越慢，越容易产生库存问题。一般来说，库存管理容易发生以下五个方面的问题。

（1）存货的收入、发出、结存的记录不真实

假如，甲、乙两支队伍同时开始建设工程，到期末核算时，记录显示乙队伍的材料消耗极少甚至为零，而甲队伍的材料消耗极高，那么原

因可能是乙队伍的原辅材料已经领用，但是并没有计入成本；甲队伍原辅材料并未领用消耗，而实际上已经结转了成本；乙队伍购入的材料已经领用消耗，购货发票未到，到月末又没有按规定暂估入库，造成财务报表错误，甚至出现赤字。

（2）内部控制制度不健全

企业特别是中小企业中，材料采购、产品销售往往由同一个人完成，以至于资金的进出没有规则可依，还给暗箱操作提供了“温床”，增加了营私舞弊的可能性。

（3）流动资金占用额高

如果库存量过大，那么就会导致流动资金占用额度高，而如果企业流动金额的60%流入存储准备项目，那么企业的经营就会陷入困境。

存货管理的问题

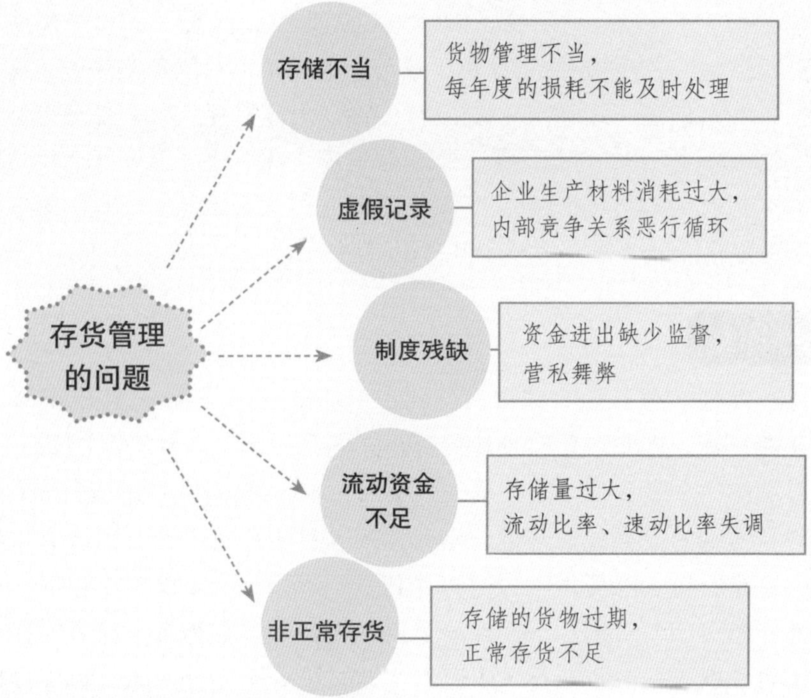

（4）非正常存货储备挤压正常储备空间和资金

如果仓库内存储大量货物，那么下一阶段企业的存储量就会减少，结果造成过时的货物过多，而正常的存储量不足。

（5）管理不当造成存储损耗过大

任何存储过程都会伴随着损耗。管理好的企业会妥善应对损耗，尽量降低损耗到可接受的范围内。而管理不当的企业，每年都是只上报毁损待报废、超储积压存货储备，而没有相应处理结果，致使毁损待报废、超储积压存货储备年年积压，最终造成大问题。

小故事

太平景象

在我们学习历史时，经常会提到太平盛世，史书中对它有这么一段描述：府库充盈。具体表现为系钱的绳子因为年代太久烂掉了，仓库里的粮食多得堆不下，绸缎堆积年岁太久以至于一碰就成灰了。虽然这被当成是太平盛世的表现，但是从存储的角度来说，这是不合理的：钱币、粮食、布匹存储量过大，损耗太大，部分存储完全失效。正常的存储不足，以至于国家仓库失去了调整经济发展平衡物价的作用。总之，这绝对不是真正的太平景象，而是国家在浪费财富。

零库存

近年来，随着存储和物流受到人们的重视，“零库存”成了企业的存储目标。零库存是指仓库储存形式的某种或某些种物品的储存数量很低的一个概念，无限接近于“零”，即在日常经营中不保持库存。

从实际的库存现象来说，零库存永远只能是生产者、销售者和商人的追求。在实际操作上，因为受到供应不恒定、需求变化和生产连续性等诸多因素的制约，企业不可能让自己的库存为零，即零库存根本不可能存在，而企业经营者必须先确定了安全库存才能为零库存目标努力。安全库存是在成本和效益最优化的前提下的库存下限，即实际上的最低库存；不过企业可以通过有效的运作和管理，使库存在某一个经营阶段内无限接近零库存。

在理论上，实现零库存必须先排除物流运作的影响，然后要考虑的是信息的交换速度。因为只有信息能够及时、有效地沟通，才能让经营者正确预测出存货量和进货出货时间。所以，实际上，信息流通速度越快，企业所需要的库存越少。

Tips

家电企业美的有这样一个理念：宁可少卖，也不多做库存。

零库存管理

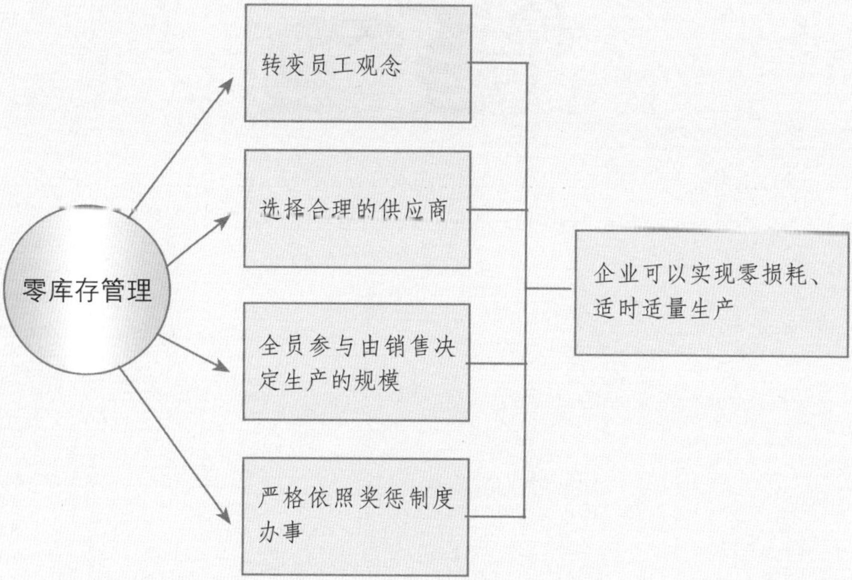

第10章

企业的财务结构控制

改革开放以来，我国的企业发展历程是从粗放型经济向集约型经济进步，从开放性注重数量和经营范围到注重质量和经营效率进步，从“生产——销售”简单结构向“生产——流通——销售——再生产”循环结构的进步。而这所有的进步都属于财务结构调整和企业财务结构控制。

本章教你：

- 如何协调企业内部财务关系？
- 什么是财务杠杆？
- 最优财务结构是怎样的？
- 企业该对财务结构做什么调整？

销售部门上个月多占用了一万元资金；有新人加入产品开发设计部门；和某个物流公司合作，从此公司省去了流通费用；想要裁员，到底是辞退几个新手还是辞退不得力的主管……这些都是财务结构控制带来的企业内部变动。对企业来说，财务结构越健全，发展越稳、越快。

财务杠杆的运用

我们知道，在经济流通中，一元的投资可以拉动十元的生产，这是货币的乘数效应，在财务管理中，这个相类似的作用成为资金的杠杆作用。企业内部财务管理措施中，通过财务杠杆可以调整企业的资金结构。

什么是财务杠杆

Tips

任何筹资行为开始时，都是期待息税前利润率高于负债资金利息率，即期望收益，但是可能在经营过程中外部市场环境发生变更，这就是风险。

财务杠杆是物理学上的杠杆作用在财务管理上的衍生，其核心为杠杆作用，财务杠杆亦称筹资杠杆，或资本杠杆，是指由于企业债务资本中固定费用的存在而导致普通股收益变动中大于息税前利润的现象，从杠杆这一个核心概念出发，我们可以进一步明确财务杠杆的“效果”和“关键”两个本质内容，在此基础上实现财务杠杆字面意义与本质内容的结合。

“效果”是指杠杆的放大作用，包括：直接效果，即通过负债，以较少的自有资金获取更多的可用资本，直接使可用资本收益增多；间接效果，即获取除了资本之外的其他收益。

“关键”也即杠杆的着眼点，在财务杠杆中表现为固定的利息费用。在全部资金的组成中，不管资金数量如何变化，只要借款额及利率不变，利息费用就是一个确定的值。这一固定值的存在直接导致了放大效应的产生，同时随着借款额及借款利率的变化，放大效应的程度也会有所不同。

财务杠杆作用

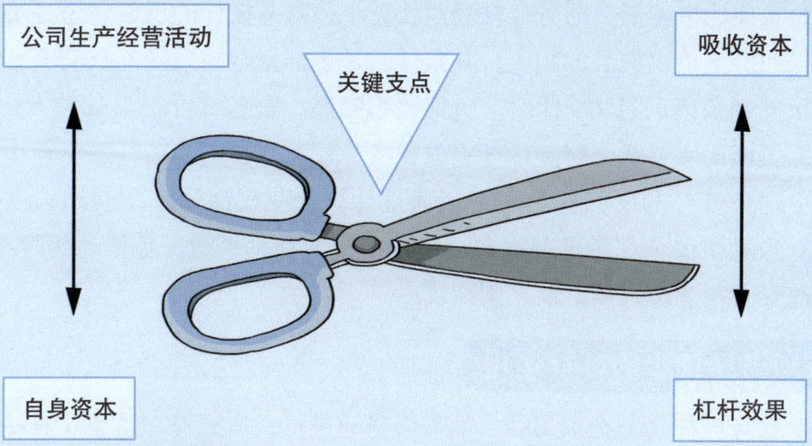

财务杠杆作用

一元钱的资本吸收十元的资本，那么企业的生产经营规模可以十倍地扩大，这就是杠杆的意义所在。财务杠杆的作用分为正反两个方面。

More

财务杠杆系数

财务杠杆的作用用数字计量就是财务杠杆系数，指的是普通股每股税后利润变动率相对于息税前利润变动率的倍数，反映着企业财务风险的大小。

其计算公式为：

$$DFL=(\Delta EPS/EPS)/(\Delta EBIT/EBIT)$$

式中，DFL 是财务杠杆系数，ΔEPS 为普通股每股收益变动额，EPS 为变动前的普通股每股收益；$\Delta EBIT$ 为息税前利润变动额；$EBIT$ 为变动前的息税前利润。

财务杠杆发挥正面作用的条件是全部资金的息税前利润率必须高于同期负债利息率。此时，负债比率越高，财务杠杆利益就越大；相反，负债比率越低，财务杠杆利益就越小。财务杠杆的反面作用是给企业权益资金造成额外的损失。其条件则是全部资金的息税前利润率必须低于同期负债利息率；此时，负债比率越高，财务杠杆损失就越大；相反，负债比率越低，财务杠杆损失就越小。

财务杠杆的反面作用也可以通过计算企业权益资金净利润加以说明。当息税前全部资金利润率小于负债资金利息率时，负债比例越小，权益资金利润率越高，反之则相反。

财务结构中的杠杆运用

财务杠杆是一把双刃剑，如何恰当地进行负债筹资，达到规避财务风险，最大限度地利用杠杆作用，达到调整资本结构的目的，是企业需要考虑的重大问题。

企业由于偿债能力、周转能力等的制约，其负债规模不能无限制地扩大，负债结构也不能随意安排，因此必须使财务杠杆发挥其真正的作用。企业必须运用科学、合理的技术分析方法，结合比较适合本企业的资产负债比率、流动比率（速动比率）等财务指标，正确进行财务杠杆决策，确定合理的负债规模和负债结构。

Tips

一般来说，企业负债率为 30% ~ 40%。

一般来说，在企业资金总额中，适度提高长期债券与长期贷款比例，能够有效地降低企业综合资金成本，提高自有资金利用率。另一方面，要求企业借入资金后，能够提高资金利用效率。企业在投资决策时，应尽量选择投资少、见效快、收益高的项目，以保证资金快速周转。因此，在资金筹措上，应以需求为依据，举债过多或过早都会使资金闲置，增加利息负担，造成资金浪费，使企业财务杠杆无法发挥恰当作用；举债不足或延迟又会影响企业经营，使企业丧失良好的经营机会，同样使杠杆作用发挥受限。所以，充分利用财务杠杆作用，既能达到融资目的，又能调整好融资时间，从而降低综合资金成本。

总之，企业在进行财务决策时，应对自身经营能力和偿债能力有充分而准确的估计，全面考虑财务杠杆大小及影响因素，趋利避害，适时调整，优化企业资本结构。

小故事

财务杠杆的运用

某电子技术开发公司采用增发普通股或长期借款方式来筹集缺乏的 400 万元扩大规模。财务顾问给出意见，如果增发普通股则计划以每股 10 元的价格增发 40 万股，如果采用长期借款的方式就是以 10% 的年利率借入 400 万元。目前公司资产总额为 2 000 万元，负债比率 40%，年利率 8%，普通股 100 万股。预计息税前利润 500 万元，所得税率为 30%。

More

杠杆基金

杠杆基金是对冲基金的一种，是那些利用不同市场进行套利交易的基金。从形式上看，对冲基金是一组投资工具，交易遍及所有市场种类，包括外汇、股票、债券、商品以及各种衍生品等。第一支对冲基金是 1949 年推出的，对冲基金最早规模很小，只在单个股票上下注。

目前我国绝大部分杠杆基金都是分级指数基金的 B 类份额，少数股票型 B 类杠杆份额子基金不挂钩指数。

财务结构的潜在缺陷

企业的规模越大，经营程序越复杂，财务结构就越容易出现缺陷。而中小型企业因为财务结构简单，缺陷出现的概率也就较低，然而如果企业不从一开始就避开财务结构的缺陷，就很难正常发展壮大。

财务结构的数据反映——财务比率

一般来说，财务结构是通过各种数据和比率关系来确定的，投资者和经营者可以比较公司的各项财务比率，找出它们之间的差异，也可以通过比较公司现状和过去的财务比率，来看出财务结构的变化。有关财务结构的比率变化即财务结构变量包括：负债比率，测试总负债占总资产的比重；长期负债对总负债比率，测试长期负债对总负债的比重；长期资金比率，测试长期负债和所有者权益占固定资产的比重；利息保障倍数，测试息税前利润占利息费用的比重；营业利润率，测试利润总额占营业收入的比重；资本报酬率，测试利润总额占资本的比重；固定资产报酬率，测试利润总额占固定资产的比重。

财务结构比率

小故事

中小企业财务比率

国家统计局发布的资料显示，2010年中小企业的负债严重不合理、资产负债率偏高，其值不仅高于大型企业的60.44%，也高于全国平均水平的63.75%；而长期负债比率显著低于大型企业，使得中小企业以长期资金来弥补固定资产资金缺口的机会变少，进而只有依靠短期负债来弥补。也就是说，在我国市场上，中小企业面临着更大的发展包袱。

财务结构缺陷

一个有财务缺陷的企业是无法向前发展的，甚至连正常经营都会受到影响，还会落到破产的地步。目前我国企业财务结构局限主要存在于以下几个方面。

中小企业筹资困难，大型企业负债过多。中小企业因为信誉度不高，偿还能力不足，往往需要付出更高的利息来获得银行投资或者贷款。而大企业一旦上市后，通过股票发行聚集的资金过多——远超企业生产本身的需要，所以会背负上沉重的债务。连锁反应之下，大型企业会将富裕的资金投入其他名声响亮的大型企业，最后造成金融市场上的“泡沫”。

固定资产报酬率过低。近年来，虽然我国大力引导企业向集约型进行转变，然而大部分的企业依然热衷于扩大规模的粗放式经营，当获得利润时急于扩大生产规模，而不是提高生产质量或者购买固定资产，开设分公司

Tips

我国政府目前对市场和企业的监管力度比较大，这也是财务结构缺陷容易放大的原因之一。

（分厂），这种做法虽然有利于利用区位优势，但是也大量搁置了企业的资金。固定资产规模增长过快，造成企业发展后劲不足。

除此外，经营成本费用率过高，营业毛利率和纯利率不对称，利息保障倍数过低都是中小企业财务结构上的大缺陷。

财务组织结构

高效、优良的财务组织结构能有效避免财务的结构缺陷。

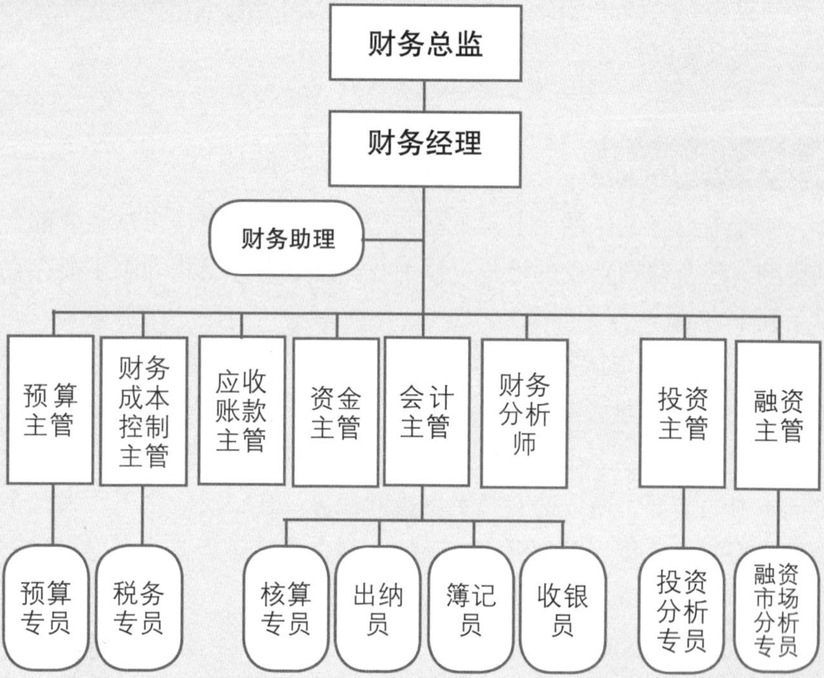

企业财务结构优化

所有的企业都希望自己的财务结构达到最优配置，然而从上文可知，这个最优配置并没有固定的标准。不过小企业可以模仿成功大型企业的财务结构，以此来优化自身的财务结构。

财务结构优化的内容

企业应在权益资本和债务资本之间确定一个合适的比例结构，让负债水平始终保持在一个合理的水平上，不能超过自身的承受能力。负债结构性管理的重点是负债的到期结构。由于预期现金流量很难与债务的到期数量保持协调一致，这就要求企业在允许现金流量波动的前提下，确定负债到期结构应保持安全边际。

资产结构的优化主要是确定一个既能维持企业正常生产经营，又

财务结构优化

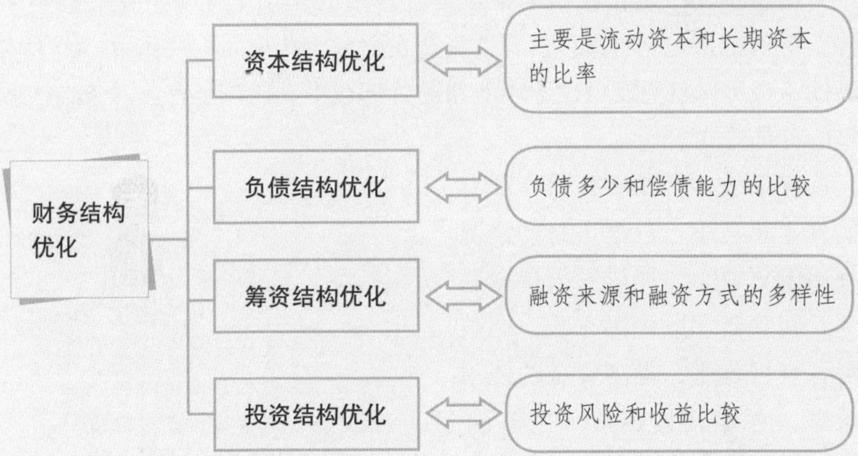

能在减少或不增加风险的前提下给企业带来尽可能多利润的流动资金水平，其核心指标是反映流动资产与流动负债差额的“净营运资本”。

财务结构优化主要是从提高投资回报的角度，对企业投资情况进行分类比较，确定合理的比重和格局，包括长期投资和短期投资比率，固定资产投资和流动资产投资（如研究开发、企业品牌等）比率。

小故事

财务结构优化的必要性

1996 年进入全球 500 强之列的香港百富勤公司，1998 年年初因为无法偿还几千万美元的现金债务而被迫破产。其原因就是公司不顾自身条件负债经营，盲目铺摊子，使得财务结构存在巨大的缺陷。财务结构不稳健的条件下，规模再大也难逃被淘汰的命运。

增量优化和存量优化

增量优化，是指在增加企业资产总量的基础上优化企业的资本结构。特别是企业应当重视内源性资金在财务结构中的重要作用，因为内源性资金可以避免发行债券和股票的外部成本，应该是企业财务结构调整的首选方式。

存量优化，要求公司在现有的资本总量下，根据自身的情况利用闲置资金，通过发放现金股利、回购公司股份等方式，调整财务杠杆水平，提高资金的使用效率。存量优化包括三个方面：一是对现存资金总量中债务资本

Tips

上市公司如果要优化财务结构，不仅仅要考虑公司本身的目标，还要重视经济环境对上市公司的影响。

与权益资本比例的合理优化，二是对权益资本内部结构的调整和优化，三是对债务资本内部结构的调整和优化。

公司管理中的财务优化

完善的公司管理就是对公司资源进行有效配置，让公司各个单位利益形成相互制衡的机制，并且实现各个要素的平衡和利润的最大化。这个过程中，权益资本权利的配置是企业财务结构控制的重点，不同的权益资本构成会造成不同的自我管理效率，债务资本的配置比例和债权人对偿还债务安全性的维护也会影响企业价值。

公司管理中财务优化应该从这四个方面入手。

第一，明确公司和国家、银行之间的关系。国家根据出资额拥有对企业所有者的权益，但是应该防止行政干预企业生产经营；商业银行必须以正确的身份处理与企业之间的关系，发挥信息优势和监督能力，来保障企业的财务安全。

第二，降低企业股份中的国有比重，促使国有股与法人股的流通，特别是对中小企业来说，要尽量保障创业者和经营者对公司的管理权力。

第三，健全有效的偿债保障机制的确立。偿债保障机制分为事前保障和事后保障两部分，事前保障又包括自动履行机制、信用和配给机制；事后保障机制主要是法律基础支撑下的清查、核算及破产处理等。

第四，公司大力利用债券，扩大企业债券的发行规模，提高公司资本的流动性，提高公司债券在市场上的吸引力。目前，因为市场环境对上市公司的“软约束”，负债经营、筹资等都迫使企业承担更大的压力，致使企业分成两种倾向，一方面不敢融资，怕承担负债风险；另一方面则对负债没有节制，造成市场环境恶化。

财务管理中的财务结构优化

- 公司管理中的财务优化措施
  - 明确企业和其他股东的关系 —— 企业在资金上必须受到国家和银行监督
  - 减少国家股本 —— 摆脱政府干预
  - 明确偿债保障机制 —— 明确企业的财务清查机制
  - 健全债券融资市场 —— 保持合适的负债比率

More

上市公司财务结构现状

我国股票市场还处于探索和发展阶段，所以上市公司并不一定是最优公司，它们的财务结构也存在着一系列问题，主要体现在以下三个方面：一是资产负债率偏低，长期负债在公司财务结构中所占比例很小；二是技术进步快、经营周转快的行业资产负债率高，而技术含量相对低、增长相对稳定的行业资产负债率却很低；三是股票流动性差，未流通股占上市公司总股本比重过大，国有股一直处于控股地位；四是负债结构不合理，流动负债占债务总额比重过大，债权型融资比重过低。

新型财务结构体系的构建

传统上，我国财务结构控制都是单线的、平面的，上级和下级的关系也是机械的，这导致整体的财务结构随着企业的经营发展不可避免地向缺陷方向滑落，随着市场经济大潮的发展，建立三维的财务结构体系是财务结构控制的新要求。

耗散结构理论下的财务体系

耗散结构理论最开始产生于物理学，可以概括为：一个远离平衡态的非线性的开放系统通过不断地与外界交换物质和能量，在系统内部某个参量的变化达到一定的阈值时，通过涨落，系统可能发生突变即非平衡相变，由原来的混沌无序状态转变为一种在时间上、空间上或功能上的有序状态。

Tips

理论的创始人是普里戈金教授，后来因为这一理论他获得了诺贝尔化学奖。

在财务管理上，将财务结构设想为远离平衡态的非线性开放系统有着特殊的意义。在这种理念下，企业开放性和企业的发展程度中间存在平衡点，同时以财务结构的整体最优作为整合和处理它们的最高准则。

和管理科学的“管理熵”概念相结合，可避免企业在平衡的状态下管理不断失效，最终走向无序。

财务管理耗散和财务管理耗散结构可以引导那些远离平衡状态的复杂组织，通过不断地与环境进行能量、物质和信息的交换及组织内部各元素的相互作用以增加负熵，使有序度的增加值大于无序度的增加值，进而形成新的、更高级的有序结构即管理耗散结构。这样会让企业管理效率增加。

博弈论是最佳财务结构体系成立的基础

企业的结构复杂，但是归根结底，企业的结构可以从“人”的组成上划分，也就是理性的和非理性的经济人。在企业中，每一个生产者都有着各自的利益最大化追求，而这种追求将必然导致某种形式和程度的冲突。一个优秀的财务控制系统不是为了去消除这些冲突，也不是激化这些冲突，而是为了实现满足理性需求条件下的合作与均衡。

Tips

目前我国财务结构体系构建最为欠缺的就是博弈论思想，财务管理体系是从企业一开始创立就由一个或几个创立者确立的，一直到企业经营不下去才会发生改变。很显然，这种财务体系不能反映所有人的诉求。

由于财务控制双方或各方在要不要进行控制这一问题上通常是没有否定选择的，它们之间具备合作

小故事

猎狗和猎人的博弈

一个猎人有三条猎狗，凡是能够在打猎中捉到兔子的，就可以得到几根骨头，捉不到的就没有饭吃。这一招果然有用，猎狗们纷纷去努力追兔子，因为谁都不愿意看着别人有骨头吃，自己没得吃。一段时间后猎狗发现了这个规则，专门去捉小兔子，而这也为猎人带来利润。在企业生产中，管理者就是猎人，猎狗就是员工，兔子就是利润，骨头就是工资，很显然，猎人和猎狗的目标相重合又不同。

博弈和监督博弈的前提，因而财务控制系统的建立和运行过程必须着眼于“团体理性”，必须更加强调效率、公正和公平。

要想让企业的管理系统达到“纳什均衡”的状态，也即实现所有参与者的最优策略组成的战略组合，在给定他人策略的情况下，没有任何单个参与者有积极性选择其他策略而试图打破的这种均衡，的确需要多次的重复博弈。这也就是说，一个效果最佳的财务控制系统，只有自觉地以博弈论为正确的方法论才有可能最终建立起来。

三维财务控制系统的实际案例

某国有大型企业总共有三十多个子公司和分公司，总资产超过100亿元人民币，组织结构和普通国有企业没有区别。经过管理专家鉴定，该企业长期受到缺乏核心竞争力和市场不景气等原因的多重影响，经营状况和经营业绩都很不理想，管理和控制方面也存在许多值得改进之处。

而在财务问题上的表现就是产权不够清晰，利息负担过重，偿债能力、营利能力和质量都很低下，财务状况堪称令人忧虑。比如该企业的权益报酬率连续三年都不到0.01，连续三年的经营活动现金净流量与资产总额比率都仅为0.02左右，尤其是资本性支出数额巨大且陷入“投资大—效益差—投资大”的怪圈。

案例中公司应对方略

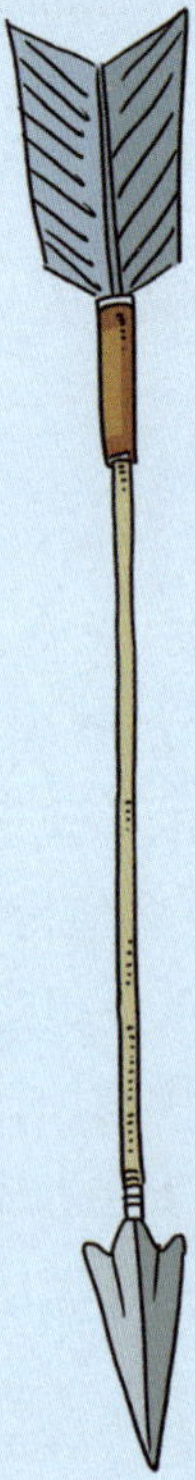

使所有者采用一定的方式成为财务控制的主体之一并发挥实际的作用

努力应用博弈论的基本原理和精髓，使控制和被控制各方的权利分配尽可能达到均衡，并且绝不追求一蹴而就

选择财务控制系统的主线。要求摒弃单纯财务观点，使所选择的控制系统主线最有利于处理所有和财务相关人员的关系

完善财务控制系统主线的各种配套制度与措施，使它们尽可能地向主线靠拢而不是游离于主线之外

贯彻理论与实际紧密结合原则，坚持必要的检验与修正

三年后，该企业的股份扩大，国有控股减少，并吸收一部分员工投资；总资产虽然没有变化，但是负债增加，也即公司规模扩大；子公司减少了一半，不过子公司的权力扩大；固定资产减少，总资产报酬率提升为 5 %……

第11章

企业成本费用的管理

企业利润空间的扩大是朝向两个方向的，即开源和节流。然而在同一市场、同一生产技术条件下，企业要想开源，比如提高产品的质量或者提高产品的市场占有率非常困难，所以企业应该注重节流，降低成本费用。

本章教你：

- ▶怎样在管理中降低成本？
- ▶怎样判断虚高的成本？
- ▶如何控制单位产品的成本费用？
- ▶成本和利润之间有什么关系？

什么时间、什么地点能买到最便宜的原材料？什么样的管理制度能最大限度地减少人力浪费？每一分钱都能分成两半花；晚上停产会不会提高损耗？旧的设备还可以继续生产吗？……这些都是降低成本的管理内容，透过生产中的细节，企业可以高效管理成本费用，获得利润。

成本费用管理概述

企业为了强化所有员工的成本意识，严格控制不合理开支，增强财务对企业管理的约束，让财务管理的程序化、规范化、精细化得到加强，让企业财务预算制度落到实处，就必须加强对成本费用的管理，并制定一个合理的成本费用管理方案。

成本和费用

成本和费用，就其经济实质来看，是产品价值构成中 $C+V$ 两部分价值的等价物；用货币形式来表示，也就是企业在产品生产经营中所耗费的资金的总和。

从企业经济活动过程来看，一般是费用发生在先，成本计算在后，费用是按整个企业计算的，成本是对象化的费用。费用是按会计期间划分的，一般是指企业一定时期内（比如一年）在生产经营活动中发生的耗费，而成本是按一定对象的生产经营过程是否完成划分的。

存货管理的大问题

项目	相同	不同	备注
成本	都是以货币作为表现形式	成本是生产完成后发生的	每一件产品都需要成本
费用	都是产品价值构成中的最主要成分	费用和生产同时进行	会计年限内所有的产品共同承担费用

成本费用的开支范围

生产经营成本是企业为生产经营商品和提供劳务等发生的各项支出。工业企业的生产成本是指工业产品的制造成本，包括直接材料、直接工资、其他直接支出和制造费用。

期间费用是指企业在生产经营过程中发生的，与产品生产活动没有直接联系，属于某一时期耗用的费用。期间费用不计入产品生产经营成本，而是按照一定期间（月份、季度或年度）进行汇总，且直接计入当期损益的各项费用，包括销售费用、管理费用和财务费用。

工业企业期间费用包括：管理费用，即企业行政管理部门为管理和组织经营活动而发生的各项费用；财务费用，是指企业为筹集资金而发生的各项费用；销售费用，是指企业在销售商品过程中所发生的费用。

某公司2014年成本费用表

千元

时间 项目	第 1 季度	第 2 季度	第 3 季度	第 4 季度	年度合计
预计销售量	2000	6000	6000	2000	16000
单位变动性销售及管理费用	0.05	0.05	0.05	0.05	0.05
总变动费用	100	300	300	100	800
工资	35	35	35	35	140
广告费	10	10	10	10	40
折旧费	15	15	15	15	15
保险费	0	0	15	0	15
差旅费	5	5	5	5	20
固定费用合计	65	65	80	65	275
销售及管理费用合计	165	365	380	165	1075

成本的计算

对成本进行预测分析一般都是根据成本的历史数据，并按照成本的习性运用数理统计的方法来预测成本发展的趋势。它的具体做法是将成本发展趋势用 $y=a+bx$ 的直线方程式来表示。在这个方程式中，只要求出 a 与 b 的值，就可以从这个直线方程中预测在任何产量（x）下的产品总成本（y）。主要有以下三种方法：高低点法；加权平均法；回归分析法，其中最常见的是高低点法。

高低点法计算成本费用

定义：

指选用一定时期历史资料中的最高业务量与最低业务量的总成本之差（y）与两者业务量之差（x）进行对比，先求出单位变动成本 b，然后再求得固定成本总额 a 的方法。

计算公式：

$y=a+bx$；$\Delta y=b\times\Delta x$；$b=\Delta y/\Delta x$

再以 b 的值代入高点（H）或低点（L）业务量的成本方程式即可求得 a：$a=y_H-bx_H$ 或 $a=y_L-bx_L$，b 与 a 的值求得后，再代入计划期（P）的总成本方程式即可预测出计划期的产品总成本和单位成本：

预测计划期产品总成本（$y_P=a+bx_P$）

预测计划期产品单位成本 = $\dfrac{y_P}{x_P}$

示例：

假如某公司只生产一种产品，从它最近一年的历史成本数据中获悉该公司产量最高的月份为 12 月，共生产 10000 件，其总成本为 250000 元。若计划年度一月份的产量为 20000 件，预测其总成本与单位成本各为多少?

计算：

$b=\Delta y/\Delta x=\dfrac{120000}{4000}=30$（元）

代入高点：$a=y_H-bx_H=370000-(30\times10000)=70000$（元）

代入低点：$a=y_L-bx_L=250000-(30\times6000)=70000$（元）

预测计划年度一月份产品的总成本

$=a+bx_P=70000+(30\times20000)=670\,000$（元）

预测计划年度一月份产品的单位成本 = $\dfrac{670000}{20000}=\dfrac{y_P}{x_P}=33.50$（元）

成本费用控制的指标

在一般的企业生产中，成本费用控制的指标分为四部分，就是目标成本、计划指标、消耗定额和费用预算。

目标成本是在预测价格的基础上，以实现产品的目标利润为前提而确定的。

在产品生产过程中，可以各项消耗定额作为成本控制的标准。消耗定额是在一定的生产技术条件下，为生产某种产品或零部件而需要耗费人力、物力、财力的数量标准，它包括材料物资消耗定额、工时定额和费用定额等，凡是能制定定额的，都应制定出消耗定额或支出标准。用这些定额或标准控制生产过程中的物质消耗和人力消耗，是保证降低产品成本的必要手段。

对企业经营管理费用的开支，一般采用经费预算作为控制标准。特别是对那些与产品生产无直接关系的间接费用，更需编制费用预算。应当指出，企业在一定时期制定的成本控制标准，并不是一成不变的。在执行过程中，要经常注意各种标准的先进性和适用性，以便积累资料，及时加以修正。

小故事

目标成本管理办法

英特尔为了迎合1000美元以下计算机市场的增长需要，决定采用目标成本。具体而言，英特尔公司非常关注特定部件如存储器的成本。英特尔计划拆除原有的存储器，安装一个简易的奔腾n版本。存储器的拆除将使每个奔腾Ⅱ从103美元的制造费用中节省15美元。现在通过目标存储器，英特尔公司满足了低价位计算机市场的新预期价格。相应的变动是，英特尔正在寻求在其他计算机部件如微型电器设备上降低成本的方法。新的微型电路设备更简单，成本更低。公司将更有效地同Cyrix公司等公司竞争。

成本费用控制

成本费用控制指的是企业在生产经营的过程中，按照已经设定好的成本费用目标，对生产经营中的各要素、环节进行规划和调整，及时改变成本费用超支现象，把实际耗费控制在预算范围内。

成本费用控制的意义

企业是以营利为目的的经济组织，缩减成本费用，就是扩大利润空间，降低成本费用，以增加利润，进而可以提高企业整体的经济效益。在产品竞争力上，成本费用水平决定着产品的价格，如果企业的成本费用能控制在低水平，那么产品价格就可以定得较低，以便在市场上处于优势地位。尤其在残酷的价格战中，竞争力无人可挡。

对社会来说，成本费用的控制还是整体社会经济效益的提高。降低成本费用是落实节能降耗减排的最重要举措，代表着节约型新时代的要求。特别是在一些利用稀少资源生产的行业，企业对成本费用的降低是对资源的保护。

成本费用控制步骤

从一个“沉疴难起”的企业，或者白手起家的企业开始，到一个能高效率地利用资源，有效控制成本费用的成熟企业，必然是一个漫长的过程。经营者在成本费用机制的建立过程中，必须做好长时间向所有的员工灌输成本费用控制的理念，基本程序分为这么几步：

(1) 按照成本费用表格严格控制，建立成本费用标准体系。成本费用标准是对各项费用开支和资源消耗规定的数量界限，是成本费用控制和成本费用考核的依据，并便于分清部门责任。成本费用控制标准种类繁多，要在实践中不断总结整理，使其形成有机的科学体系，以提高控制的实际效果。

成本费用控制表

期间科目	本月	年累计	预算	差额/完成率					备注
			本月	年累计	本月	%	年累计	%	
销货收入									
直接原料									
直接工人									
制造费用									
销货成本									
员工薪资									
办公用品									
交通费									
佣金支出									
广告费									
……									
销售费用合计									

核准：　　复核：　　制表：

(2) 建立成本费用控制的组织和责任体系。由公司的财务部门（会计、出纳）负责，在各个费用发生点建立成本费用控制责任制，定岗、定人、定责，并定期检查。对成本费用的形成过程严格按照成本费用标准进行控制和监督。

(3) 建立信息的快速反馈

Tips

成本费用和产品的单位利润息息相关，成本费用的计算必须将未来发生额计算在内，而利润空间是过去发生额，所以一个上升阶段的企业，也即在需要不断投入费用和成本的生产阶段，单位利润空间很小。

系统，能及时明确地将成本费用标准与实际发生的成本费用之间的差异，以及成本费用控制实施情况反馈到企业决策层，以便适时地采取措施，组织协调企业财务活动，圆满完成成本费用计划。

成本费用控制步骤

前提	施行	反馈
加强成本核算和成本分析； 严格制定成本费用控制标准	建立相应的成本费用组织和责任体系； 全员参与成本费用控制，加强控制意识	及时准确地反馈成本费用信息； 依照规定，将成本费用核算到每个部门的利润中

成本费用控制的实施措施

在成本费用控制体系的构建中，最核心的部分就是成本费用的实施措施。企业经营者应该全程对生产、销售进行控制，以降低成本费用。

在原材料的购入时，企业应该尽可能做到“物美价廉”的采购措施，做到以下几点：采购时，依照“货比三家、招标采购、按质论价”的原则，尽可能地降低采购和运输原材料的费用；定点采购为先，保证原材料的质量和交货期；加强物资采购的计量和质量管理；采购合同的签订、执行、计量、检验需要不同的人完成，杜绝舞弊。

在原材料的储存上，要以零库存为目标，要做到这么几点：制定合理的储备定额，不同的原材料要有不同的储存标准，能够实现低价购入以随时应对突发情况；加强仓储管理，减少仓储损耗；对已经失去使用价值的物品及时处理，节省空间；和第三方合作，或者由专门人员进行物流工作，减少物流损失。

在企业的生产过程中，成本费用的控制要做到这么几点：改进产品结构，降低原材料消耗；充分利用新技术和新材料；注重边角余料和废料的回收利用；在供应储备科学的前提下，按限额领料；全面管理，减少废品损失。

Tips

大型企业能够在价格战中获得优势，其中重要的一条就是，它们对原材料的利用更加全面。一些在中小企业生产中视为累赘的废料和边角料，往往能被大型企业的合作伙伴或者内部某个部门吸收消化。

More

工资控制和人才机制

劳动定额、工时消耗、工时利用率、工人出勤率与技术熟练程度等因素有关，所以老员工的工资会比新员工高，但是人才往往要求获得更多的回报，所以在相等的工资条件下，公司很容易被对手挖去人才，也因此很多企业在成本费用控制上，不敢拿工资开刀。其实工资控制和人才机制本来应该是一体的，计算每一个人的劳动定额、工时消耗、工时利用率、工人出勤率与技术熟练程度，确定其是否是人才，然后施行有差别的工资机制，工资费用就能得到最大程度的利用了。

成本费用对企业利润的影响

2007 年 7 月 1 日，全国开始施行财政部公布的《企业会计准则》。这对企业的制造成本和管理费用计算产生了冲击，也影响着企业的最终利润。在《企业会计准则》下，企业更应该控制成本和费用来增加总利润。

企业成本标准分析

企业成本标准是一条企业控制成本费用的准绳，量化的、科学的、合理的、及时更新的企业成本标准能更好地发挥准绳的作用，能让企业的生产成本和经营费用控制在一个可以接受的范围之内。

企业成本标准的计算就是企业生产销售计划中所规定的各项资金花费的数据指标，然而任何行业公布的成本费用指标都不可能适用于所有的企业，在具体操作中也不能满足企业具体的考核要求，而这就需要企业自身量身定制一套更加合适的成本费用标准。企业成本标准的制定大体上有三种方法：

（1）企业计划指标分解法，将综合性、流程性的指标分解为一系列具体的小指标。在进行分解之时，可以按照部门或职能去分解，也可以参照不同产品的规格和不同产品的工艺阶段进行分解。如果需要进一步明确的数据，还可以根据工序进行分解。

（2）企业成本标准预算法，根据企业的具体预算规划来制定标准。大多数的成本标准计算都是采用这种方法的，优点是管理便利，可以明确看到企业上阶段是否达标，缺点是不能反映市场的变化，而且在计算时一定要注意从实际消耗来制定成本标准。

（3）企业成本标准定额法，根据企业生产经营规划建立起费用开支的限额和定额，并将这些建立在规划基础上的限额和定额作为企业成本标准来执行。定额标准化具体上来说可以分为工作时间定额、工作薪酬定额、原材料耗费定额等。这种成本标准的制定和执行极为死板，可能会让员工工作压力变大。

小故事

针的工序

在外行看来，一根小小的针不过是在一根小铁丝一头开个眼，可是在现代工业生产中这根本是没有人能独立完成的。在手工时代，每个人都是独立制针的，速度非常慢，当然他们的收入也非常低。后来有人将制针的工序划分为18道，而这18个人合作的效果是单独工作的十倍。到了大机器工业时代，一根针的生产被分为360多道工序，速度更快，效率也更高。企业成本标准的制定是和工序划分分不开的，工序分得越细，员工劳动越简单，那么企业成本费用的标准也就越明确。

成本费用率

对企业来说，对成本资源各个项目的控制与把握最终落实在成本费用率上。不仅要检查企业自身的执行水平，而且要积极地保证企业成本费用标准的执行。成本费用率过高意味着企业生产不足，原材料浪费，而企业成本费用率过低，则说明企业在高负荷运行，成本费用标准制定过高。要维持企业生产经营过程中成本费用率的合适必须做好日常的监督和核查工作。

在物力上，施工员和技术检查员一定要监督生产人员按照图纸规划、工艺标准进行操作，施行查收和质检制度，避免成批报废。材料员一定要按照生产线规定的规格和品种发放原材料，监督防范原材料多领现象。生产调度人员则要根据生产批量的空置量合理地下料和投料，并且严格监督生产期间的执行情况……总之生产中每个员工都应该清楚自己在成本费用率中所做的“贡献”，从而有效地减少浪费，让企业资源能够得到更好的利用。

在人力上，企业经营者对员工定额工时、员工工时利用率、员工出勤率、员工劳动组织、员工奖金和津贴等的合理调整都需要监督和控制，中层管理者要确认是否合理投入、合理派工，员工的加班和停工是否正常等。而且一线的管理者必须对工人工作量的承受情况有着足够的认识，不能让企业员工感觉悠闲，也不能让企业员工觉得“被压榨”，同时，人力上合理的成本费用率还可以增加员工对企业的凝聚力。

成本费用率的计算

成本费用率＝成本费用（主营业务成本、三项期间费用、营业税金和其他）/主营业务收入 ×100%

- 此时计算成本和费用并不需要区分，但是经营者必须清楚成本和费用占据的比例大小
- 三项期间费用指的是一个会计年度内发生的费用，包括营业费用、管理费用和财务费用
- 营业税金不包括退税和税额的溢出部分

成本费用利润率

成本费用率主要反映的是企业在生产经营过程中的成本费用控制情况，而不能最终看出在获得毛利润时成本费用的使用情况，而能弥补这一点的是成本费用利润率。

成本费用利润率，反映了企业在当期发生的所有成本费用所带来的收益能力，是营业利润和成本费用总额之间的百分比。成本费用总额包括主营业务成本、主营业务税金和附加的营业费用、管理费用、财务费用。如果企业还存在其他业务经营，而且这些副业和主营业务之间发生交叉，那么成本费用总额还包括副业的成本费用。

在成本费用利润率的计算中，值得注意的是这里的利润指的是营业利润，而不是利润总额。因为利润总额中除了包括主营业务利润外，还包括了投资收益、补贴收入、营业外收支等非营业性收入在内，而这些和企业生产存在时间差，和内部的成本费用利用没有关系。

Tips

成本费用利润率＝营业利润/成本费用总额×100%。

成本费用利润率指标表明的是企业每付出一元成本费用可获得多少利润，直接反映了企业的经营效率，体现了生产经营过程中消耗和成果的比率关系。该项指标越高，利润就越大，反之，则越小，企业的经济效益越差。